吉田松陰

ポケット

Pocket-sized
Lessons of
Self-cultivation

修養訓

活学新書

Masaaki Kawaguchi
川口雅昭

致知出版社

まえがき

「今の若い奴らは」とは、いつの時代も、青年に対する老人世代の枕詞《まくらことば》である。私も若い頃にはことある毎《ごと》に聞かされ、内心、「うるせえ」などと反発していた。

ところが、最近、そんな俗な意味ではなく、心から日本人、とりわけ、若い世代が心配になってきた。ひいては、必ず彼らがリードすることとなる、我が国の将来が心配になってきた。それは、我々老人世代も含め、日本人が余りに自信を失い、元気を喪失していることである。

さて、私が日本人としての自覚をもつようになり、元気であることが人生を拓《ひら》く上で如何《いか》に重要であるか、と知ったのは、吉田松陰との邂逅《かいこう》であった。その時、心ある日本人、とりわけ、元気一杯に生きた人物の書に学ぶことの大切さも学んだ。よって、あの頃から、読書による、そのような人物との「対話」だけは心掛けてきたつもりである。それは、書物なるものが、私の心を浄化し、精神を鼓舞《こぶ》する上で必要不可欠と感じたからでもあった。

吉田松陰は、私がこれまで出会った先哲の中で、最も波長が合う人物であり、また、一番、人生を教えてくれた人である。私は未だに松陰以上に元気な、日本という我々の祖国を信じ、愛した人を知らない。今以《もっ》て、松陰に学び続ける所以《ゆえん》である。

混乱度を増す世界情勢、とりわけ東アジア情勢を見れば、我々日本人が元気を取り戻すこと、これは喫緊《きっきん》の課題である。私は、素晴らしい四季の巡りの中、穏やかで、勤勉、正直、かつ、情の深い国民に溢れた日本という祖国が好きである。よって、世界人類の将来のためにも、この我々の日本という国だけは永遠に存続しなければならないと考えている。

故に、本書はまず日本人に再び元気を取り戻してほしい、とだけ念じて記した。若き世代の方々が、本書に何か一つでも学び、元気な日本人となってくださることを祈念している。

活学新書　吉田松陰修養訓＊目次

装　幀——川上成夫
編集協力——柏木孝之

一　学問の意味

学《がく》は、人《ひと》たる所以《ゆえん》を学《まな》ぶなり。

安政《あんせい》三（一八五六）年九月四日「松下村塾記《しょうかそんじゅくき》」

学問は、人が人である、そのいわれを学ぶものである。

【解説】

この名辞との「出会い」が私に松陰研究を決断させてくれた。人生の妙味《みょうみ》というべきか。山口県に生を享《う》けながら、高校二年生の頃まで、吉田松陰という人に何の関心もなく、その名前以外何も知らなかった私なのに。

学問、それは「人間とは何か。如何に生きるのが人間らしい生き方か」、この教えにひたすら学んできた。

しかし、今もこれが本当に分かったかと問われれば、何の自信もない。人間がそこいらの犬や猫とは違う存在であることだけは何とか理解できた気はするが。では、どう生きればいいのか。気づけば犬猫と何も違わない自分がいる。

今年もまた、平成九年八月二日に帰幽《きゆう》された恩師の命日がやってくる。あの日は土曜日だった。親父が死んだ時にさえ感じなかったあの日の寂寥《せきりょう》感。勉強部屋の壁が一瞬真っ白になったことだけを覚えている。私にとって、恩師の存在そのものが「学」であった。

「学は、人たる所以を学ぶなり」、これに学び続けたい。

二　自分を見捨てない

人々《ひとびと》貴《とうと》き物《もの》の己《おの》れに存在《そんざい》するを認《みと》めんことを要《よう》す

安政《あんせい》三（一八五六）年三月二十八日「講孟箚記《こうもうさっき》」

人間は人として大切なものが生まれつき自分の中に存在していることを認めることが重要である。

【解説】

松陰という人、将《まさ》に不如意《ふにょい》の人生であった。どう考えても、松陰は志士として生きたかったのだと思う。ところが、天はそれを許さなかった。安政元（一八五四）年三月二十七日の「下田事件」失敗時にも松陰は腐らなかった。

後、安政三年五月二十九日、その松陰に、「若《も》し其《そ》の主《しゅ》に遇《あ（わ）》はずんば、孔孟《こうもう》の聖賢《せいけん》と云《い（え）》へども、一匹夫《いちひっぷ》にして終《おわ》るのみ。是《こ》れを思《おも（え）》へば将《まさ》に千古《せんこ》不遇《ふぐう》の人《ひと》の為《ため》に痛哭《つうこく》せんと欲《ほっ》す。然《しか》れども反《はん》して是《こ》れを思《おも（え）》へば、本文所謂君子《ほんぶんいわゆるくんし》は即《すなわ》ち孔孟《こうもう》の類《たぐい》にして不遇《ふぐう》の魁《さきがけ》なり。而《しこう》して是《こ》れを以《もっ》て天下後世《てんかこうせい》を維持《いじ》するに至《いた》りては、其《そ》の功更《こうさら》に遇《あ（う）》ふ者《もの》の上《うえ》に居《お》らんとす。孔子《こうし》の堯舜《ぎょうしゅん》に勝《まさ》れる、却《かえ（っ）》つて其《そ》の不遇《ふぐう》の所《ところ》にあり（もしもよい主君に遭うことがなかったならば、孔子や孟子《もうし》のような聖人・賢者《けんじゃ》であっても、一匹夫として、その生涯を終えるだけである。このことを思えば、私は将に千古不朽《せんこふきゅう》の人物のために、声を上げて泣かざるを得ない。しかし、考えてみれば、『孟子』本文にいう『君子』とは、孔子や孟子のような人物のことをいったものである。つまり、仕えることもできず、人を教えてその生涯を終えた人物であり、将に不遇のかしらである。とはいえ、人を教えて、天下後世の正義を維持している点を見れば、その功績は、明主《めいしゅ》に遭って登用された人物等よりもはるかに上である。孔子が聖天子《せいてんし》と呼ばれる堯帝《ぎょうてい》や舜帝《しゅんてい》より勝《すぐ》れているのは、その志を果たすことができず、却って不遇の境地にあったという点にある)」との教えがある。これである。

だから、あなたがいくら自分の人生に失望し、自分を嫌いになったとしても、自分で自分を見捨てることだけはやめよう。あなた以外のいったい誰があなた以上にあなたのことを真剣に考えてくれるか。誰もおりはしない。最後の味方は自分一人である。あなたにしかできないことはきっとある。

ましてや、松陰も「人間は生まれつき、人として大切なものが自分の中にあることを認めよう」と語っている。心の衣を全て捨て、ありのままの自分と静かに対峙《たいじ》してみよう。「俺にはこんなところがあったのか、私も満更《まんざら》でもないわ」という世界がきっと見つかるから。人間は分かっているようで案外と自分を知らないものだから。

三　志——出発点・到達点

道《みち》の精《せい》なると精《せい》ならざると、業《ぎょう》の成《な》ると成《な》らざるとは、志《こころざし》の立《た》つと立《た》たざるとに在《あ》るのみ。

弘化《こうか》三（一八四六）年「松村文祥《まつむらぶんしょう》を送《おく》る序《じょ》」

道理に精通しているか否《いな》か、仕事や勉強がうまくいくか否かは、心に目指すところがきちんと定まっているか否か、つまり志があるか否かによる。

【解説】

志とは、たった一回しかないあなたの人生の出発点であり、究極の到達点である。これを我々は案外と真摯《しんし》に考えない。有史以来、洋の東西を問わず、多くの先哲が人生に一番大事なことと教えてきたことなのに。

安政五（一八五八）年、当時十四、五歳の門人山田市之允《やまだいちのじょう》、後の司法大臣顕義《あきよし》に与えた松陰の漢詩がある。曰《いわ》く。

立志《りっし》は特異《とくい》を尚《たっと》ぶ、俗流《ぞくりゅう》は与《とも》に議《ぎ》し難《がた》し。身后《しんご》の業《ぎょう》を顧《おも(わ)》はず、且《か》つ目前《もくぜん》の安《やす》きを偸《ぬす》む。百年《ひゃくねん》は一瞬《いっしゅん》のみ、君子《くんし》素餐《そさん》するなかれ。

（仮にも男児たるものの立志は非常特異をたっとぶべきである。よって、世俗の輩《やから》などとは議論することなど難しいのである。死後百年先の功業《こうぎょう》も思わず、ただ目前の安逸《あんいつ》のみをぬすむような輩と同じような生き方をしてはならない所以《ゆえん》である。百年といっても悠久《ゆうきゅう》な天地の流れに比べれば一瞬でしかない。心ある君子は無為《むい》無能でありながら、いたずらに禄《ろく》を受けるようではならないぞ）。

私の志、若い頃は、漠然と「偉くなりたい」、これだった。ところが、そんなものは、これまでの人生の間に天から徹底的に削《そ》ぎ落とされた。天というものは、何とそれぞれの人間の人生をきちんと考えてくださっていることか。それがやっと分かるようになったのはつい最近のことである。感謝。

今はといえば、たった一つ。本当の松陰を知りたい、これのみである。十分満足し、誇りに感じている。

四　才を成す

天《てん》の才《さい》を生《しょう》ずる多《おお》けれども、才《さい》を成《な》すこと難《かた》し。

安政《あんせい》三（一八五六）年四月十五日「講孟劄記《こうもうさっき》」

天が才能を人に与えることは多いが、その才能を自分のものとして、完成させることは難しい。

【解説】

自分にどんな才能があるのか。自分は何に向いているのか。若い頃、こんなことを本当に真摯に考え、悩む人はいったいどれくらいいるのだろうか。私も手持ちの「学力」と憧れだけで安直に教師という職業を選んだ。教師生活にも慣れた頃、すぐに「倦怠期《けんたいき》」がやってきた。そして、悩みが始まった。

誰にでも簡単に務まりそうな教師という職業でさえ、天性《てんせい》の人がいる。そんな存在を知った時、「俺はとてもかなわないなあ」と思った。四十歳の頃である。

その後、色々な世界のプロを知るにつれ、天はこの世に、それぞれの才能をもった人をうまく配置している、と考えること自体間違いであると感じるようになった。そうではない。皆、それぞれの世界で血の滲《にじ》むような努力をして、「才能を自分のものとし、完成させ」、プロになったのだと分かった。六十歳のことである。

努力をいやがるうちは半人前である。これを楽しいと感じてこそプロであろう。

五　人徳と行動

士《し》に貴《たっと》ぶ所《ところ》は徳《とく》なり、才《さい》に非《あら》ず。行《ぎょう》なり学《がく》に非《あら》ず。

安政《あんせい》二（一八五五）年十一月十七日「講孟劄記《こうもうさっき》」

立派な人が重んじるのは人徳であって、才能ではない。実際の行いであり、役に立たない理論ではない。

【解説】

これという、人様に誇れる才能もなく、からきし理解できなかった算数、理科で、小学校四年次から晴れて「落ちこぼれ」児童となった私にとって、この松陰の教えは今も大切な「お守り」である。

唯一の自信は「行」、それも自分が心から面白いと感じ、やりたいと思ったことだけを行うことのみである。よって、これも、「あんなことやらなきゃよかった」と、後悔することの方が多かった。存在が犯罪とは俺のことか。反省。

そんな私にとって、長年の課題は人徳、その人に備わる徳とは何かということであった。ところが、昨年、尊敬するある先輩から、「川口さんは、松陰先生よろしく真《ま》面目《じめ》ぶって色々やるが、実に、可愛《かわい》げの塊《かたまり》ですね。しかし、可愛げというもの、これだけは、教育で身につくものではありませんからね。将に人徳ですね」といわれた。最初は「冗談じゃない」と内心否定した。しかし、よくよく考えてみれば、「そうか」と急に気持ちが軽くなった。

結局、人間は「自分を生きる」以外にないということか。

六　私心を去る

凡《およ》そ人《ひと》の人《ひと》たる所《ところ》は私《し》心《しん》を除《じょ》去《きょ》するにあり。是《こ》れ聖《せい》学《がく》の工《く》夫《ふう》なり。

安政《あんせい》三（一八五六）年四月三日「講孟劄記《こうもうさつき》」

人が人であるいわれは、自分ひとりの利益をはかろうとする気持ちを捨て去るところにある。これが聖人の説いた学問の工夫ということである。

【解説】

「私心を去れ」、どれ程の自称「偉い」人から教えていただいたことか。そんな教えを垂《た》れる人に限って、口を開けば、「俺が、おれが」。私はこういう人を、ロシア系日本人、「オレガ」さんと呼ぶ。歩く私心か。この繁殖率たるや凄《すさ》まじいもので、私の周りにも一杯いる。多分、あなたの周りにも。

思うに、この主因、何かに全身全霊を打ち込んでおられないことにあろう。私の経験でも、打ち込んでいる時は、私心という奴、すーっと消えていく。人間とは、或《ある》いは、無意識のうちに、自分にないことを口にする生き物か。

道元禅師《どうげんぜんじ》は「只管打坐《しかんたざ》」という。私にとって、それは勉強である。勉強をすれば、毎日、折々の自分というものが実によく分かる。自分を全て捨て去る以外、「泉」から真理をくみ取ることなどできない。

あなたにとって、自分を静かに見つめることのできる世界は何か。そこが、「私心を去る」場所である。

七　断じて行う！

断《だん》じて之《こ》れを行《おこな》へ《(え)》ば、鬼神《きじん》も之《こ》れを避《さ》く。
大事《だいじ》を断《だん》ぜんと欲《ほっ》せば、先《ま》づ《(ず)》成敗《せいばい》を忘《わす》れよ。

安政《あんせい》六（一八五九）年正月晦日《みそか》「正月晦夜《しょうがつかいや》、感《かん》を書《しょ》す」

決心して断行すれば、何ものもそれを妨《さまた》げることはできない。大事なことを思い切って行おうとすれば、まずできるかできないかということを忘れなさい。

【解説】

「断《だん》じて之《こ》れを行《おこな(え)》へば」は『史記《しき》』の名辞。松陰は「積盈《せきえい》の気発《きはっ》す（戦闘開始！　敵を倒すまで、徹底的に闘うという気持ちになれ）」という。

一人っ子として甘やかされ、諸事だらしのない生活をしていた私を憐《あわ》れんでか、天は友村通孝《ともむらみちたか》先生との出会いを用意してくれた。高校一年生だった。先生は当時四十三歳、陸軍士官学校の生徒として敗戦を迎えられた方で、生涯軍人、教えはただ一つ、「やるからには徹底的に！」。徹底的にやれないことは一切するなと教えられた。先生との出会いで私の人生が変わった。

仕事である研究。学会が近づくと、「戦地」の生活となる。考えては壊し、また一からやり直す。毎年のように、「今年はもう駄目か。俺も名誉の戦死か」と弱気の虫が。情けないがこれが実情。そんな私を四十余年にわたり叱咤《しった》激励してくれたのがこの教えである。

「成敗《せいばい》を忘《わす》れよ」、これに救われる。

八　まごころ

人《ひと》は唯《た》だ真《まこと》なれ。真《まこと》、愛《あい》すべく敬《けい》すべし。

安政《あんせい》六（一八五九）年五月四日「和作《わさく》に復《ふく》す」

人はただまごころだけである。まごころは愛すべきであり、敬うべきである。

【解説】

「功名《こうみょう》何ぞ夢の跡　消えざるものはただ誠」なる歌詞を知ったのは学生時代、恩師のお宅でお酒をいただく折のことだった。一杯やって、調子の出た恩師がよく低い声で口ずさんでおられた。後で、これは「青年日本の歌」（海軍少尉三上卓作）の一節であり、昭和初期の五・一五事件、二・二六事件の青年将校が好んだ歌であることを知った。それはともかく、まごころ、誠、我々日本人がずっと大切にし、今以《もっ》て好む教えであろう。

私など、他者にまごころを感じる時ほど、「人生意気に感じ」ることはない。よって、常々「誠実に、今の自分ができることをやればいい」と考え、また、生徒・学生に教えてきた。

ところが、最近、まごころ、誠など微塵《みじん》も感じないジャパニーズ、それでいて、馬鹿の一つ覚えのように、ただ、「結果、結果」、否《いな》、業績、儲《もう》けなどを優先するジャパニーズが増えているように感じる。

我が国の再建はこんな小さなことからであろう。

九　自立！

大丈夫《だいじょうふ》自立《じりつ》の処《ところ》なかるべからず。人《ひと》に倚《よ》りて貴《とうと》く、人《ひと》に倚《よ》りて賤《いや》しきは、大丈夫《だいじょうふ》の深《ふか》く恥《は》づ《(ず)》る所《ところ》なり。

安政《あんせい》三（一八五六）年三月二十八日「講孟箚記《こうもうさっき》」

心ある立派な男児は自立していなくてはならない。ある人によっては自分の価値が上がり、また下がるというようなことは、深く恥じるところである。

【解説】

孟子《もうし》は告子上《こくしじょう》十六章に「天爵《てんしゃく》（天から与えられた爵位）」、「人爵《じんしゃく》（人から与えられた爵位・官位など、人間が定めた栄誉）」と述べ、「昔の人は、その自分にあるところのものを修めて、地位が自然とこれに従った。今の人は、地位を得るために自分を修める者ばかりである。そして、一旦《いったん》、地位を得てしまえば、その修めたところを自ら棄《す》てて顧みない。こんなことは、惑《まど》いの甚《はなは》だしい人というしかない。ついには、必ず亡びてしまうであろう」と教えている。人生にとって、真の自立こそが大切な所以《ゆえん》である。

一体に人間は何かで他者と差をつけ、威張りたがるものである。生まれ、学歴、肩書、地位、経済力などである。それを誇る奴が何と目につくことか。しかし、それも一時でしかない。ここは、孟子の教えを信じ、自分を磨き続けよう。神様は必ず見ていてくださるから。

棺桶《かんおけ》の蓋《ふた》が閉まるまでが勝負である。時間はたっぷりある。焦るなかれ。

十　小事を大切に！

大行《たいこう》は細謹《さいきん》を顧《かえり》みずは勿論《もちろん》の事《こと》なれども、小事《しょうじ》却《かえ》つ《(つ)》て大害《たいがい》を為《な》す事《こと》もあるなり。

嘉永《かえい》五（一八五二）年五月某日《ぼうじつ》「山縣半蔵宛《やまがたはんぞうあて》」

大きな仕事をする時には、些細《ささい》なことなど気に懸けないのはもちろんである。しかし、その些細なことが大きな害を引き起こすこともある。

【解説】

これは何も仕事のことだけではなかろう。人間の生き方においても同様である。確かに我が国には、「小事《しょうじ》」を気にしない人を度量のある人物と見る文化がある。しかし、日々の「小事」の積み重ねが人生であることを思えば、決して疎《おろそ》かにはできない教えであることが分かる。

今の私にとって「大行」とは松陰という青年を知りたい、という願いだけである。よって、「小事」は日々の研究。簡単にいえば、定刻に机に着き、勉強することである。そのための、サボりたい、遊びたいという感情・欲望のコントロールである。これが情けないことに、歳を重ねるにつれ、少しずつ努力を要するようになってきた。こんな人間がまだ教壇に立っているとは。反省。

今も、今日は授業が多かったからなどと、自分に弁解を繰り返しながら、何とかしてサボろうとしている自分がいる。若い頃から、自分の感情・欲望をコントロールできない人間に大きな仕事などできないと頭では分かっていたのに。「大害」だけは何としてでも避けたい。心の鍛錬からやり直す。

十一　腹を据《す》える

心《こころ》定《さだ》めや、特《ただ》に一旦《いったん》奮激《ふんげき》の能《よ》くする所《ところ》に非《あら》ず、必《かなら》ずや心胆《しんたん》を涵養《かんよう》鍛錬《たんれん》すること素《もと》あるものにして、能《よ》くすることありとす。

嘉永《かえい》三（一八五〇）年八月二十日「武教全書《ぶきょうぜんしょ》　守城《しゅじょう》」

腹を据えるのは一時的に心を奮い起こすことではできない。水が染み込むように少しずつ養い育て、精神力などを鍛えることによってのみ可能となる。

【解説】

腹の据わった男にどれほど憧れてきたことか。ところが、我が身たるや、還暦を過ぎたこの歳になっても、いつもフラフラ。街で綺麗《きれい》な女性を見れば心波立ち、お金を見れば即、「ケ知事」となる。「こんなつまらない心根のまま死ねば、何のための人生か分かりはしない」と、初めて決断した。そこで、面壁《めんぺき》九年の達磨禅師《だるまぜんじ》を慕い、勉強終了後、毎晩坐《すわ》ることに。最初は五分が我慢できない。瞑想などほど遠く、毎夜、妄想。そのうち、坐ることには慣れた。しかし、私は何も変わらない。

そんな時、ある方から、「川口さん、何歳になりましたか」と聞かれた。「六十二歳に」と答えたら、その人曰《いわ》く。「そうですか。それなら、今後の人生のためなどと、他人に遠慮する必要など何もありませんね。あるがままに生きればいい」と。不思議なもので、これで何かがストンと落ちた。心が軽くなった。

「心胆《しんたん》」の「涵養鍛錬《かんようたんれん》」、確かに松陰のいう通り、時間をかけ、鍛え上げることも大切であろう。しかし、時間をかけさえすればいいというものでもないと知った。腹の据わった男、私の生涯の課題である。修業にこれでよしはない。

十二　負けることもある

勝敗《しょうはい》は兵家《へいか》の常《つね》なれば、楠公《なんこう》の如《ごと》き名将《めいしょう》にても、時《とき》の勢《いきおい》にては湊川《みなとがわ》の討死《うちじに》もあるものなり。

嘉永《かえい》三（一八五〇）年八月二十日「武教全書《ぶきょうぜんしょ》　守城《しゅじょう》」

勝つことも、負けることもまた戦人《いくさびと》の常である。楠《くすの》木正成《きまさしげ》公のような立派な武将でも、時の勢いによっては、湊川で討ち死にされることもある。

【解説】

我々もまた人生という戦いの戦士である。よって、勝つこともあれば、負けることもある。勝ち続けることなどあり得ない。

勝った際の心得は、明治三十八（一九〇五）年、東郷平八郎司令長官が「聯合艦隊《れんごうかんたい》解散之辞《かいさんのじ》」の「跋《ばつ》」に引かれた「勝って兜《かぶと》の緒《お》を締《し》めよ」以外なかろう。しかし、これとて、どれほど難しいことか。

さて、とりわけ我々凡人が学ぶべきは、負けた時の姿勢である。松陰は「失敗は天がその人の志を試しているのである。今日の負けは将に明日の勝ちが始まるいわれである」と激励し、「今の人は、先々のことや細かなことまでよく考える知恵が足りず、浅い。一回、（戦いに）負けると、志、やる気はすぐにくじけてなくなり、再びやろうという気持ちになることはない」と戒めている。

「勝って奢《おご》らず、負けて卑屈《ひくつ》にならず」という。これが何と難しいことか。負けや失敗に学び、それを如何《いか》に次に活かすか。ホンモノとニセモノの差はここにある。

十三　書に学ぶ

聖賢《せいけん》の書《しょ》を読《よ》みて切磋琢磨《せったくま》する処《ところ》、是《こ》れに出《い》でず。是《こ》れを武士《ぶし》の嗜《たしな》みと云《い》ふ《（う）》。

嘉永《かえい》三（一八五〇）年八月二十日「武教全書《ぶきょうぜんしょ》　守城《しゅじょう》」

聖人や賢人など、立派な人の書を読んで心身を磨く、これ以外にはない。これを武士のたしなみという。

【解説】

私は幼少時より「勉強」が嫌いだった。やがて、「勉強」という熟語は『詩経《しきょう》』の「強《し》いて勉《つと》める」、「いやだから、面倒くさいからやる」という意味であることを知った。学生時代より、私にとって、勉強とは辞書と格闘しながらの読書、悩み抜く思索であった。四十歳の頃であったか、学生時代に感動して傍線を引いた箇所が微妙に移動することに気づいた。初めて、自分の変化を感じ、書物が如何に私を鍛えてくれるものであるかを学んだ。

現在、我が国の読書人口が激減していると聞く。主因はスマホの普及であろう。しかし、苦労して読む「聖賢の書」にしかない世界は確実に存在する。

松陰も「読書《どくしょ》最《もっと》も能《よ》く人《ひと》を移《うつ》す。畏《おそ》るべきかな書《しょ》や（読書というものは、最もよく人の心を変えるものである。書というものは、何と恐るべきものだなあ）」と教えている。

一度でいい、若い方に是非書物を手にしてほしい。書物があなたを新しい世界に必ず導いてくれるから。あなたの心を更に耕してくれるから。

十四　悪口を口にしない

君子《くんし》は交《まじわ》り絶《た》ちて悪声《あくせい》を出《いだ》さず

安政《あんせい》六（一八五九）年五月二十二日「照顔録《しょうがんろく》」

立派な人は、ある人となんらかの事情で交際を絶たねばならなくなったとしても、その人の悪口はいわない。

【解説】

古代中国燕《えん》の武将樂毅《がっき》の名辞である。樂毅は、立派な人は、義において、絶交しなければならなかった相手の悪口さえ口にしないという。人間の素晴らしさ、将に心が浄《きよ》められる世界である。

翻《ひるがえ》って、我々は、現に交際をしている人の悪口をつい口にしてしまう。そんな自分が情けなくて、私も随分と努力してきたつもりである。しかし、悪口というもの、ついい何かの拍子に口をつく。六十歳の頃だったか、やっと、その場にいない人のことを話題にしなければいいと自覚した。

最近は、人の悪口は、今の自分の精神状態の反射鏡と感じるようになった。誰しも、仕事に夢中になっている時など、己の未熟さをいやというほど感じさせられる。ところが、そんな時、他者の欠点に目がいくことはない。自分のことで精一杯だから。それどころか、逆に、あの人もよく頑張ってるなあと考えている自分を知った。

人の悪口を口にしない。これができる男になりたい。

十五　信じる

余《よ》寧《むし》ろ人《ひと》を信《しん》ずるに失《しっ》するとも、誓《ちか》つ（っ）て人《ひと》を疑《うたが》ふ（う）に失《しっ》することなからんことを欲《ほっ》す。

安政《あんせい》二（一八五五）年八月六日「講孟箚記《こうもうさっき》」

私は人を信じて失敗するとしても、人を疑って失敗するということがないようにしたい。

【解説】

これは何も教育の世界だけの話ではない。人として、人の中で人生を生きる我々に最も大切な教えである。

松陰はこの前段部分で、人のタイプを「知《ち》を好《この》む者《もの》（知を好む人）」と「仁《じん》を好《この》む者《もの》（人として踏み行うべき道を好む人）」の二つに分ける。そして、前者は「多《おお》くは人《ひと》を疑《うたが(う)》ふに失《しっ》す（大体に、人を疑いすぎて失敗するものである）」といい、また、後者は「人《ひと》を信《しん》ずるに失《しっ》す（人を信じすぎて失敗するものである）」という。そして、「両《ふた》つながら皆偏《みなへん》なり（両方とも、偏《かたよ》っているというべきである）」と評している。そして、「然《しか》れども人《ひと》を信《しん》ずる者《もの》は其《そ》の功《こう》を成《な》すこと、往々人《おうおうひと》を疑《うたが(う)》ふ者《もの》に勝《まさ》ることあり（しかし、人を信じる者、その結果は、人を疑う者にまさっていることがある）」と説いている。

人を信じるのは実に難しい。しかし、相手を信じ倒すまで信じる！「この人だけは裏切れない」と感じさせるまで信じ倒す！　これのみである。

十六　理か利か

君子《くんし》は何事《なにごと》に臨《のぞ》みても理《り》に合《あ》ふ《(う)》か合《あ》はぬ《(わ)》かと考《かんが》へ《(え)》て、然《しか》る後《のち》是《こ》れを行《おこな》ふ《(う)》。

安政《あんせい》二（一八五五）年八月三日「講孟箚記《こうもうさっき》」

立派な人は、何事に臨んでも、道理に合うか否《いな》かと考えて、その上で行動する。

【解説】

この「君子」に対し松陰は「小人《しょうじん》」を取り上げ、「小人《しょうじん》は何事《なにごと》に臨《のぞ》みても利《り》になるかならぬかと考《かんが（え）》へて、然《しか》る後是《のちこ》れを行《おこな（う）》ふ（つまらない人は、何事に臨んでも、それが利益になるか否かと考えて、その上で行動する）」と、我々の弱い心を戒め、「故《ゆえ》に君子《くんし》となること難《かた》からず（だから、立派な人となることは難しいことではない）」と諭《さと》している。

「君子」、立派な人となることは何も難解な学問を行い、厳しい修業を積むことなどではない。それはかくも易《やさ》しい。人としての生き方、それが道理に合っているか否か。たったこれだけのことである。

理か利か。この選択だけは間違えないようにしたい。

十七　時間を大切に

人《ひと》、壮《そう》なれば則《すなわ》ち老《お》ゆ。百《ひゃく》年《ねん》の間《かん》、黽《びん》勉《べん》の急《きゅう》ありて游《ゆう》優《ゆう》の暇《いとま》なし。

弘化《こうか》三（一八四六）年二月「観梅《かんばい》の記《き》」

人は壮年を迎えれば、やがて老いていく。百年の間、必死で勉強すべきであり、ゆったりとくつろぐ暇などはない。

【解説】

人間は余程《よほど》お人好《よ》しにできているものと思う。人生の時間というもの、誰しも永遠に続くと信じている。私もそうだった。だから、「いずれ」などと自分にいい訳を重ね、やらねばならない喫緊《きっきん》な課題なども、つい、先へ先へと延ばしてきた。

気づけば、とうに還暦も過ぎていた。現金なもので、途端に、「俺の人生もあと何年か」などと、したり顔で、今世《こんせ》での仕事のまとめをせねばなどと考えている自分がいる。死などいつやって来るかもしれないのに。

松陰は、人生には春夏秋冬があるという。確かにその通りであった。そして、私の人生がすでにその秋期に差し掛かっていることは認めざるを得ない。

人生は一回しかない。一回切りである。とりわけ、春夏期の過ごし方が、秋冬期の人生を規定する。

春夏期にある方には、もう一度、この松陰の教えに謙虚に耳を傾けてほしい。

「後悔先に立たず」とは、よくいったものである。

十八　問題は自分

其《そ》の来《きた》らざるを恃《たの》むことなく、吾《わ》が以《もっ》て待《ま》つあるを恃《たの》む。

弘化《こうか》三（一八四六）年閏《うるう》五月十七日「異賊防禦《いぞくぼうぎょ》の策《さく》」

敵が攻めてこないことをあてにするな。敵がどこを攻めてきても、我が方に万端の準備ができていることをあてとせよ。

【解説】

孫子《そんし》の兵法の教え。何も兵法だけではなかろう。

我々凡人はこの反対をする。ひたすら、敵が来ないことを願う。自分の当然なすべき準備を怠る。敵が攻めてこようものなら、右往左往。負けでもすれば、責任のなすり合い。果ては、「だからいったじゃないか」などと、雨後の竹の子のように急造評論家の増殖。挙げ句には、あろうことか、恥も忘れて、かつての敵に媚《こ》びる。かつての仲間など平気で売る。そして、我が身の安泰《あんたい》を確保したとなれば、後は、何もなかったかのように人生の享楽《きょうらく》に埋没《まいぼつ》する。

いや、他でもない。大東亜戦争敗戦後の我が国民の実相である。

何も国家のことだけではなかろう。私を筆頭に、個々人の人生においても、平気でこれをやる。

問題は自分である。

十九　努力、それも誰にも負けない努力をする！

心《こころ》を竭《つく》し力《ちから》を尽《つく》し、
薀《うん》を発《はっ》して惜《お》しむなかれ。

嘉永《かえい》二（一八四九）年閏《うるう》四月七日「兒玉君管美島軍事《こだまくんかんみしまぐんじ》を拝《はい》するを賀《が》する序《じょ》」

心をつくし、能力をつくし、また、これまで蓄えた力を全て発揮して、出し惜しむことのないようにしなさい。

【解説】

「努力しろ」と叱咤《しった》すれば、今の子は誰でも簡単に「はい、努力します」と口にする。中には、頬《ほお》を紅潮《こうちょう》させ、「死ぬ気で努力します」という青年も。未《いま》だかつて、死んだ青年にお目にかかったことがない。

先日、廊下で出会った子に、「努力してるか」と聞けば、にっこり笑って、「はい、僕なりに努力しています」と。嗚乎《ああ》。

努力するとは、こんなことをいうのではない。誰にも負けない努力をすることを、努力するというのである。

嘉永五（一八五二）年、「東北遊」旅行後の蟄居《ちっきょ》中、松陰は「日々、昔の心ある立派な人の書を手にしてこれを拝読し、初めて古人が学問に深く、かつ、広く通じ、自分とは大きく異なっておられたことを知った。心静かに古人の行われたことを概観し、その理由を考えたところ、ただ、努力のみと知った」と記している。あの松陰にしてこれである。況《いわ》んや、我々凡人をやである。

二十　人生、あるがまま

君子《くんし》の道徳《どうとく》を其《そ》の身《み》に蔵《ぞう》して、其《そ》の化《か》の物《もの》に及《およ》ぶや、従容《しょうよう》無心《むしん》に出《い》でて作為《さくい》を借《か》らざるに似《に》たるあり。

弘化《こうか》三（一八四六）年カ「雲《くも》の説《せつ》」

立派な人が、人としてのあるべき徳を我がものとし、他人を教え、変えようとする時には、ゆったりと落ち着き、一切のメーキングをしないものである。

【解説】

人間、どうしても格好を付けたがる。今でも、紳士振る人、「君子」振る人がいる。これはこれでまた大変であろう。基底にあるのは、他者によく思われたいという心か。はたまた劣等感か。

私は子供の頃から、他者に馬鹿であることがばれるのが、ずっと怖かった。今思えば、何であれほど、頭のいい子と思われたかったのかさえ覚えていない。

これを根本から優しく否定してくださった、否《いな》、教えてくださったのは恩師である。それも、三十歳を過ぎてからのことであった。

ある時、研究史料に「使酒《ししゅ》」とあった。私には分からない。すると、恩師は微笑みながら、「知らないことは恥ずかしいことではない。調べればいいだけだ。帰ったら諸橋轍次《もろはしてつじ》さんの『大漢和辞典』を引きなさい」と諭《さと》してくださった。「酒の勢いをかって気ままに振る舞う」意味と知った。あれで研究のみならず、人生まで気が楽になった。

メーキングに成長・感動はない。今では裸族《らぞく》と呼ばれている。反省。

二十一　あるべきようは

古人《こじん》の如《ごと》くせんのみ

嘉永《かえい》元（一八四八）年九月「燼余《じんよ》の七書《しちしょ》直解《ちょくかい》の後《あと》に書《しょ》す」

昔の心ある人のようにするのみである。

【解説】

江戸前・中期を生きた肥後藩士で神道家の井澤蟠龍《いざわばんりゅう》。その『明君家訓《めいくんかくん》』中に、次のような「節義《せつぎ》の士《し》」なる一節がある。

節義、節操を守り、正道をふみ行う心懸けとは、口に嘘をいわず、身に私心を設けず、心を素直にして外見を飾らない。作法を乱さず、礼儀正しく、上司に阿《おもね》らず、部下・年少者を侮《あなど》らない。自分の行った約束や承諾にそむかず、他人の苦しみや悩みを見捨てない。頼りがいがあって心強い人物で、仮にも（自分より）身分の低い人々や年少者の取るにたらない話や悪口などはわずかでも口にしない。それから、恥ということをわきまえて、たとえ首を刎《は》ねられるとしても、自分がしてはならないことはしない。命を投げ出すべき場では一歩も退《ひ》かない。いつも義理を重んじ、その心を鉄石のごとく堅固にするものではあるが、同時に温和かつ慈愛の心をもち、もののあわれを知り、人に対して情け心をもつ、このような人を節義の士というのである。

私は我が国において、これ以上の男の理想像を知らない。

二十二　失敗の本質

人《ひと》の過《あやま》つや各《おの》ゝ《おの》其《そ》の党《とう》に於《おい》てす

弘化《こうか》三（一八四六）年カ「論語《ろんご》、人《ひと》の過《あやまち》の章解義《しょうかいぎ》」

人の過ちはその人物の種類に応ずるものである。

【解説】

失敗、何も恐れることはない。むしろ、しっかり失敗するといい。人は成功には学ばない。しかし、失敗には必ず多くのことを学ぶものだから。私のような失敗過重者は論外だが。

松陰は、「失敗は君子も小人《しょうじん》も共にする。意識的にするのではない分、その人の本来のタイプが現れる」という。そして、立派な人は「(他者への)情《なさ》けのかけ過ぎ・愛の注ぎすぎ、無欲すぎ、孤高すぎ」で、時に失敗する。一方、つまらない人は、「薄情すぎ、残忍すぎ、貪欲《どんよく》すぎ、情愛のかけすぎ」で失敗するという。この原因、本人がそのようなタイプの人間だから、と述べている。だから、失敗を見れば、その人がどういうタイプの人間であるかが分かるというのである。しかし、「世間は一旦失敗するや、その事象だけを見て、その人を捨てて、顧《かえり》みない。立派な人はその事象ではなく、その人間のタイプを見る」という教えは素晴らしい。

あなたはどのような失敗をしているだろうか。酒か異性か、それとも金か。それで自分というものが分かる。何に注意すればいいのかが分かる。

二十三　学問のあり方

学者《がくしゃ》二《に》大弊《だいへい》あり。一《ひとつ》は思《おも》はざる《わ》の弊《へい》なり。（中略）二《ふたつ》は学《まな》ばざるの弊《へい》なり。

嘉永《かえい》二（一八四九）年五月「講義存稿三篇《こうぎそんこうさんぺん》」

学問をする人に二つの悪しき習慣がある。一つは知識の活用を考えないことである。（中略）二つ目は真に学ばないことである。

【解説】

弊害一。それぞれ、記憶している知識、内容は素晴らしいものがある。作文、詩文をやらせれば実にうまく作る。しかし、学んだ知識を本人が実践しているかといえば、皆無。知っているだけで、分かっていないからである。松陰は、「古《いにしえ》を以《もっ》て今《いま》に宛《あ》てて思《おも(う)》ふことなければなり」と断じている。

弊害二。一見、高尚には見えるが、空疎な議論ばかり行う。何を聞いても「立て板に水」。しかし、実際に現場に立たせると何もできない。今なら、政治・経済・軍事・教育、果ては宇宙論まで何でもござれということか。将《まさ》に、得意然とテレビでぺらぺらやってる「大学教授」なる肩書の奴らの類か。

松陰は最後に、この種の「学者」に「自ら用心せよ」と警告まで発している。何とも心優しい人である。

さて、翻《ひるがえ》って、現在の「学者」の弊害は何だろうか。それは、松陰の指摘プラス、若造のくせに、上から目線で知識をひけらかしたがる奴の異常繁殖か。

「馬鹿につける薬はない」とはけだし名言である。私がいう資格などないが。

二十四　敵は自分である

己《おの》れを正《ただ》すの学《がく》、勤《つと》めずんばあるべからず。

嘉永《かえい》二（一八四九）年五月「講義存稿三篇《こうぎそんこうさんぺん》」

自分を正しくする学問に励まないようではいけない。

【解説】

子供の頃から、敵は常に私の向こう側にいた。今思えば可愛《かわい》かったものである。ところが、三十代も半ばになった頃か、突然、敵は己自身と知り、愕然《がくぜん》とした。今も最大の敵は私の弱い心である。

『孟子《もうし》』告子上《こくしじょう》十五章に「大体《だいたい》（人の善なる本性）」、「小体《しょうたい》（情欲に動かされる口腹や耳目の類）」とある。それを受け、松陰は「心《こころ》は主公《しゅこう》にして耳目口鼻《じもくこうび》四体《したい》は夫々《それぞれ》の下《した》役人《やくにん》なり。主公《しゅこう》として却つ《かえ（つ）》て下役人《したやくにん》に引廻《ひきまわ》されては済《す》まざることとなり。（中略）唯《た》だ主公確乎《しゅこうかっこ》たれば、下役人《したやくにん》ども決《けっ》して引廻《ひきまわ》すことはならぬなり（心は長官であり、耳目口鼻は心の部下である。長官でありながら、部下に引き回されていては、申し訳ないことである。（中略）長官がしっかりしていれば、部下が決して引き回すことはできない）」と述べ、これが「修身《しゅうしん》の要《よう》にして即《すなわ》ち又《また》治国《ちこく》の道《みち》なり」と教えている。

自分という敵との戦闘もすでに三十余年となった。しかし、この敵、なかなか手強《てごわ》い奴ではある。突撃は続く。

二十五　独行道《どっこうどう》

吾《わ》れ生年《せいねん》三十《さんじゅう》、未《いま》だ曾《かつ》て自分《じぶん》の事《こと》を人《ひと》に頼《たの》んだ覚《おぼえ》はない。

安政《あんせい》六（一八五九）年四月九日カ「岡部富太郎宛《おかべとみたろうあて》」

私は歳三十である。今まで一度でも自分の身の処遇を人に依頼した覚えはない。

【解説】

私も若い頃、恩師から、「武士は食わねど高楊枝《たかようじ》という。痩《や》せ我慢です。侍というものは、どんなに困っても、どんなピンチになっても、自分のことを他人にこうしてくれ、ああしてくれと頼むものではない。お前も生涯、これだけは覚えておきなさい」と教えられた。あの時は、恩師に対し、即座に「馬鹿をいうな。誰がそんなことで人に頭を下げるか。俺を見損なうな」と、内心激怒したことを鮮明に覚えている。今となっては、本当に懐かしく、実にありがたい教えをいただいたと感謝の外《ほか》ない。

私も恩師のこの教えだけは生涯確守《かくしゅ》する覚悟である。

二十六　自分の育て方

人才《じんさい》は之《こ》れを育《いく》するに道《みち》あらば、則《すなわ》ち成《な》るものなり。

弘化《こうか》三（一八四六）年閏《うるう》五月十七日「異賊防禦《いぞくぼうぎょ》の策《さく》」

人間は正しい教育方法を施せば、人物となるものである。

【解説】

娑婆《しゃば》に出て、具体的状況の中に身を置いてみれば、誰しも自分というものが分かってくる。学歴など全く通用しない世界の存在を知り、ほとんどの人が自分を変えねばと本気になる。私もそうだった。

では、どうすればいいのか。松陰は「人各々資質《ひとおのおのししつ》あり。故《ゆえ》に古人《こじん》を学《まな》びて其《そ》の性《せい》の近《ちか》き所《ところ》を得《う》べし（人にはそれぞれ生まれつきの性質がある。だから、昔の心ある人に学び、自分に近いよい性質を自分のものとするべきである）」といい、「柳下恵《りゅうかけい》」の生き方が好きだと述べている。「柳下恵」は古代中国周《しゅう》の魯《ろ》の賢者。本名は展禽《てんきん》。字《あざな》は季《き》。柳下に住み、恵と諡《おくりな》され、「柳下恵」といわれた。魯《ろ》の大夫《たいふ》・裁判官《さいばんかん》を歴任。直道《ちょくどう》を守って君に仕えたことで知られる。松陰が「柳下恵」を一つの目標として自分を叱咤激励したことが分かる。これが一つのやり方。

もう一つ。私がずっと尊敬している慶應義塾大学名誉教授の中村勝範《なかむらかつのり》先生は、「偉人と呼ばれる方々は、世に立派と認められたからこそ伝記として残っているんですね。だから、私は子供の頃にどう生きるかは偉人に学ぼうと考えました。それで、ずっと偉人伝に学んできました」と教えてくださった。

さすがに、今も多くの方々から慕《した》われておられる中村勝範教授というべきか。先生に教えをいただくようになって以来、長野県へ行く度、「ここで先生はお生まれになったのか」と、つい目に入る山並みさえ、以前とは全く違うように感じるようになった。人間というものの心の不思議さである。先生との邂逅《かいこう》に感謝。

人生も独学ではうまくいかない。求めれば、師は至るところにおられる。

二十七　権力

文武《ぶんぶ》の稽古《けいこ》仕《つかまつ》り候《そうろう》ものも、常人《じょうじん》の情《じょう》にては（中略）権門《けんもん》勢家《せいか》に奔走《ほんそう》して官《かん》を求《もと》め候《そうらい》て、文武《ぶんぶ》の稽古《けいこ》次第《しだい》に地《ち》に墜《お》ち候様《そうろうよう》成《なり》行《ゆ》き（後略）。

嘉永《かえい》四（一八五一）年二月二十日「文武稽古万世不朽の御仕法立気付書《ぶんぶけいこばんせいふきゅうのごしほうだてきづきしょ》」

文武の稽古に熱心な者も、並の意識では（中略）権勢のある家々を駆け回って官職を求めるようになり、文武の稽古事も次第に衰頽《すいたい》するようになる（後略）。

【解説】

生来《しょうらい》、人並み以上な欲望を誇る私だが、こと、出世欲だけはない、といえば聞こえはいいか。何のことはない、私は幼児の頃から、自分がやりたいと思うこと以外他に何の関心ももたない性格というだけのことである。

ところが、世間を見渡せば、この種の人間、随分と多いらしい。そんな人は何が目的で「長」になりたがるのだろうか。理解できない。

恩師の影響か、私も若い頃からずっと道元禅師《どうげんぜんじ》に憧れてきた。といっても、『正法眼蔵《しょうぼうげんぞう》』など未だにチンプンカンプン。ひたすら『学道用心集《がくどうようじんしゅう》』などを拝読するだけである。その道元禅師の偉さ。私は禅師が、師如浄《にょじょう》禅師より「辨道《べんどう》（仏道修行に専心すること）時における用心」として受けられたという、「一、国王《こくおう》・大臣《だいじん》に親近《しんごん》するべからず。一、名誉《めいよ》・利得《りとく》にかんすることを視聴《しちょう》するなかれ。一、尋常《じんじょう》（平生《へいぜい》）応《まさ》に（必ず）青山《せいざん》・谿水《けいすい》を観《み》るべし（一、国王・大臣など権力者に近づいてはいけない。一、名誉・金儲けの話を見るな、聞くな。一、仏道に一意専心し、山や川を観るだけの生活をしろ）」という教えを、生涯、確守された生き方にあると思っている。

私のような凡愚《ぼんぐ》にとり、最初の二つを確守することは存外簡単である。勿論、向こうから、私に「所用あり」とお声のかかるほどの人生、人間でないことだけには自信がある。

やはり、一番難しいのは最後の、「尋常《じんじょう》（平生《へいぜい》）応《まさ》に（必ず）青山《せいざん》・谿水《けいすい》を観《み》るべし」である。気づけば、学問に専心し、山や川を見ることより、つい赤提灯《あかちょうちん》の世界に心を奪われそうな自分がいる。嗚呼《ああ》、反省。

二十八　目先をごまかさない

因循《いんじゅん》苟且《こうしょ》以《もっ》て目前《もくぜん》を弥縫《びほう》せば、万一《まんいち》の変故《へんこ》には何《なに》を以《もっ》て之《こ》れを待《ま》たん。

嘉永《かえい》二（一八四九）年閏《うるう》四月七日「兒玉君管美島軍事《こだまくんかんみしまぐんじ》を拝《はい》するを賀《が》する序《じょ》」

積極的に事をなす気力もなく、その場しのぎで目の前のこと（失敗や己の欠点など）を取《と》り繕《つくろ》ってばかりいるのなら、万一の非常事態にどう対処するのか。

【解説】

もつべきは気力、積極的な攻撃精神であることはいうまでもない。しかし、それができれば、誰も悩まない。

問題は目前の一時しのぎ、ごまかし。これを如何にしない人間になるか。しかし、人間は弱い。実に弱い。あの松陰でさえ、武士教育を説いた嘉永二（一八四九）年の「対策一通《たいさくいっつう》」に「苟免《こうめん》を止《や》む（一時逃れをやめさせる）」べしと説いている。あの時代にもこれをやる武士がいたということであろう。

かくいう私など「弥縫《びほう》」の苦い思い出ばかりである。しかし、こんな自分と闘い続ける気力だけはもっているつもりである。

「士《し》の行《ぎょう》は質実《しつじつ》欺《あざむ》かざるを以《もっ》て要《かなめ》と為《な》し、巧詐《こうさ》過《あやまち》を文《かざ》るを以《もっ》て恥《はじ》と為《な》す。光明正大《こうめいせいだい》、皆是《みなこ》れより出《い》づ《(ず)》（武士の行いは、飾り気がなく、真面目《まじめ》で、自他をだまさないことを最も大切なこととする。ごまかし偽《いつわ》って失敗を隠すことを最も恥とする。人として明るく希望に満ち、正しく堂々とした態度や行動などは、みなここから生まれる）」とは、「士規七則《しきしちそく》」の名辞である。

二十九　体認する

一体人《いったいひと》と申《もう》すものは体認《たいにん》と申《もう》す事《こと》を知《し》らず候《そうら》はば、人《ひと》と申《もう》すものには之《こ》れなく（後略）。

安政《あんせい》五（一八五八）年七月十三日「要路役人《ようろやくにん》に与《あた》ふ」

そもそも、人間というものは、実際に自分で体験し、十分よくのみこむということを知らなければ、人というものではない（後略）。

【解説】

これが若い頃には分からない。実際に自分でやってみる、ということの大切さ、私もこの歳になって、少し分かるようになったと感じる。

嘉永四（一八五二）年、松陰の「題《だい》を賜《たま(い)》ひて『人《ひと》の富士《ふじ》に登《のぼ》るを送《おく》る序《じょ》』を探《さぐ》り得《え》て謹《つつし》んで撰《せん》す」にこんな教えがある。

立派な人、その生き方、心根、これまで積み重ねてこられた業績。人間というものは甘いもので、こんな人を見ても、一、つい、それほど自分と変わらないと思ってしまう。二、いざ、自分で生きてみて、色々とやってみて、初めてその凄さを知る。三、こういう人物には滅多に会えないと知る。

松陰にもきっとこのような人物との出会いがあったのであろう。そこに学んだのであろう。

私などその何倍も同じような経験をしてきた。体験に学んだこと、それは、そのような人に出会ったら、絶対に離れないこと。絶対に離れてはいけない。自分にとってのホンモノなど、滅多に会えるものではないのだから。

三十　ある生き方

遺《い》逸《いつ》厄《やく》窮《きゅう》にして利《り》名《めい》に漠《ばく》たり、而《しか》も能《よ》く晩《ばん》節《せつ》に処《しょ》し、其《そ》の操《みさお》を全《まっと》うする（後略）。

嘉《か》永《えい》二（一八四九）年秋カ「重《ちょう》陽《よう》園《えん》の記《き》」

世間から見捨てられたような困難な状況下にあっても利益・名誉にあくせくしない。しかも、よく晩年の境遇に甘んじ、その節操を守り続ける（後略）。

【解説】

松陰の外叔《がいしゅく》で松下村塾の二代目の主宰者であった久保五郎左衛門の愛養《あいよう》する菊の凛《りん》とした姿を見ての松陰の感慨である。

私のように「煮え湯」と「冷や飯」の人生を送ってきた凡人がここに学ぶことは多い。

我々は「遺逸厄窮《いいつやくきゅう》」にでも遭《あ》えば、即、飲み屋通いが始まる。己の実力・能力も顧《かえり》みずひたすら「利名《りめい》」を追い続ける。平気で「晩節《ばんせつ》」を汚す。「操《みさお》」など忘却の彼方に置き、猫の目よろしく、変節を繰り返す。他でもない、私の反省である。

では、我々はすべからく「枯禅《こぜん》（全ての欲望をうち捨て、静穏《せいおん》であること）」たればいいのか。松陰はそれも否定し、「心性活溌《しんせいかっぱつ》、身体強壮《しんたいきょうそう》、飲食男女《いんしょくだんじょ》ありと云《い》へ《(え)》ども、其《そ》の体《からだ》を弱《よわ》まし、其《そ》の心《こころ》を弛《ゆる》ぶるに足《た》らざるを以《もっ》て、真《まこと》の武士《ぶし》と云《い》ふ《(う)》べし（精神に勢いがあり、身体が強健で、飲食や男女の欲望があるといっても、それが身体を弱め、精神を弛《ゆる》ませないのであれば、本当の武士というべきである）」と教えている。

この案配《あんばい》を思えば、生きるということは何とも難しい。

三十一　コツコツ！

事《こと》の漸《ぜん》を以《もっ》て成《な》り、漸《ぜん》を以《もっ》て変《へん》ずるは、少《しばら》くも間《かん》断《だん》なきを以《もっ》てなり。

嘉永《かえい》二（一八四九）年秋カ「倉江《くらえ》に濤《なみ》を観《み》るの記《き》」

物事が次第を追って穏やかに進み、変化するのは、少しも絶え間がないからである。

【解説】

秋の一日、二十歳の松陰は同志らと小舟を萩の玉江《たまえ》に浮かべ、「月《つき》を弄《たの》しみ酒《さけ》を飲《の》み、詩《し》を賦《ふ》し文《ぶん》を作《つく》る」とある。その時の倉江の白砂《はくしゃ》を見ての感慨である。ここが我々凡人との違いか。

さて、問題は白砂ばかりではない。これは人生全てに通ずる真理である。「今ある処《ところ》で、為《な》すべきことを為す」、これの何と難しいことか。これができる人は凄い人である。

人生は「コツコツ」。これのみ。これが人生を拓《ひら》く。ところが、我々凡人たるや、「仕事一辺倒《いっぺんとう》な人生など味気ない」と自己弁護を繰り返し、「頑張った自分への御褒美だ」などと、旅行、習い事、趣味などにはしる。しかし、私の貧弱な経験から見ても、旅行や趣味などで人間は成長しない。理由はいうまでもない。責任がないからである。

我々を成長させてくれるのは、銭をもらっている仕事、それ以外にない。「コツコツ」、これだけが我々をプロに成長させてくれる。

三十二　心配するな

有志《ゆうし》の士《し》は観《み》る所《ところ》あれば則《すなわ》ち必《かなら》ず感《かん》ずる所《ところ》あり

嘉永《かえい》四（一八五一）年六月十一日

「題《だい》を賜《たま》ひ《(い)》て『人《ひと》の富士《ふじ》に登《のぼ》るを送《おく》る序《じょ》』を探《さぐ》り得《え》て謹《つつし》んで撰《せん》す」

志をもっている人間は、何かを目にしたら、必ず心中に感じるものがある。

【解説】

松陰は、また、「物《もの》を観《み》るの感《かん》は各々《おのおの》其《そ》の志《こころざ》す所《ところ》に於《お》てす（ものを見て何に感じるかは、それぞれその人が心中に抱いている目標による）」ともいう。将に然《しか》り。だからこそ、我々は高潔、高尚な志をもつべきなのである。街に出れば麗人《れいじん》や飲み屋の看板ばかりに目が行く私など最も反省すべきか。

さて、人間というもの、将にこの通りであれば、何も心配することはない。若い頃、多忙な時期に体調を壊し、入院したことがある。その時、見舞ってくださったある先輩曰《いわ》く。「こんなところで横になっている場合じゃないとイライラしてるんだろう。お前、青いなあ。何も心配するな。人間はどんな閑《ひま》な時でも、必ず何かを学ぶものだから」と。あの時には分からなかった。しかし、今思い返せば、あの数週間の入院、実に色々なことを学んだことが分かる。

不如意《ふにょい》な転勤で今腐っている人もあろう。本社の同期の動きが気になって仕方ない人もあろう。何も心配するな。一円、二円の先行だ。万札をどんと出せば、お釣りなど腐るほどくる。自信をもて！

三十三　戦士の仕官法

凡《およ》そ仕《し》官《かん》の途《みち》は、朝《あした》に出《い》づ（ず）るときは人《ひと》に先《さき》だち、夕《ゆうべ》に退《しりぞ》くときは人《ひと》に後《おく》る。

安政《あんせい》三（一八五六）年八月以降「武教全書講録《ぶきょうぜんしょこうろく》」

そもそも仕官のあり方は、朝出勤する時には他者より早く出かけ、夕方退出する時には他者より後にする。

【解説】

松陰の畏友中谷正亮《いゆうなかたにしょうすけ》の父市左衛門章貞の言。要は自分の「戦場」へは先駆《さきがけ》をなし、また、殿《しんがり》となれとの教えである。ポイントはこの心懸け、意気か。平和な現在においても、大切な教えである。

松陰が生涯「先師《せんし》」と敬慕《けいぼ》した山鹿素行《やまがそこう》の『武教全書《ぶきょうぜんしょ》』「侍用武功《じようぶこう》」に「場《ば》を離《はな》れざるの事《こと》」とある。素行は「武士《ぶし》の場《ば》を離《はな》れず、戦場《せんじょう》にては役所《やくどころ》（その人に与えられた役目、また、その場所）を離《はな》れざる也《なり》」と説いている。これを受け、松陰も「陣屋《じんや》にても、備場《そなえば》にても、行軍《こうぐん》にても、必《かなら》ず己《おの》が受場《うけば》を離《はな》れざる事《こと》なり」と教えている。

私が最初に赴任した高校の校長から教えられたのもこれであった。よって、教員住宅も学校のすぐ側をあてがわれた。

今はといえば、一年を通し、所用のない土日は朝九時に研究室へ「出勤」、午後五時「退室」という生活を守っている。あの研究室が今の私が命を懸ける「戦場」だから。

三十四　奢侈《しゃし》

当時《とうじ》にて文武《ぶんぶ》御興隆《ごこうりゅう》を害《がい》し御政教《ごせいきょう》を傷《やぶ》り候《そうろう》ものは遊芸《ゆうげい》風流《ふうりゅう》奢侈《しゃし》等《とう》にて之《こ》れあるべく候《そうろう》（後略）。

嘉永《かえい》元（一八四八）年十月四日「明倫館《めいりんかん》御再興《ごさいこう》に付《つ》き気付書《きづきしょ》」

現在、文武の興隆を妨害し、政治・教育をダメにしているものは、芸能・風流な遊び、奢《おご》り、贅沢《ぜいたく》などでございます（後略）。

【解説】

「遊芸風流」はおく。ここで問題としたいのは「奢侈《しゃし》」である。この意味は、それぞれの漢字からしても理解できる。聞くところによれば、「奢」は「大」の下に「者」と書き「華美《かび》」の意。「侈」は人偏《にんべん》に「多」で「豊富」を表すという。

松陰が生涯「先師《せんし》」と敬慕《けいぼ》した山鹿素行に「式目家訓《しきもくかくん》」なる書がある。『山鹿素行全集』の「解題」によれば、これが素行最初の「武士道訓」という。そこに、「無用《むよう》之費有るべからざる事《のついえあることなかるべき》（必要のない出費をしないこと）」とある。ということは、すでに江戸初期より奢り、贅沢にはしる侍はあったということか。

電子機器の発達で、子供の頃より憧れた「アラジンの魔法のランプ」が現実のものとなった現在、クリック一つで商品がすぐに家庭に届くようになった。私など、その手の業者には優良消費者であろうか。勉強の合間に、パソコンに映《うつ》る商品を見ていると、無意識のうちについ右手が。反省。

奢侈は精神をダメにするとの教え、分かってはいるのだが。これも人間の悲しい一面か。さりとて、「贅沢は敵だ」の時代もなあ。

三十五　時間をかけたものは

大器《たいき》は遅《おそ》く成《な》るの理《ことわり》にて、躁敷《さわがし》き事《こと》にては大成《たいせい》も長久《ちょうきゅう》も相成《あいな》らざる事《こと》に之《こ》れあるべく候《そうろう》（後略）。

嘉永《かえい》元（一八四八）年十月四日「明倫館御再興《めいりんかんごさいこう》に付《つ》き気付書《きづきしょ》」

立派な人物というものは、時間をかけてゆっくり成長するのが道理であって、騒々《そうぞう》しい状態ではホンモノの立派な人物になることはない（後略）。

【解説】

この教えは、中学校の卒業式後に知った。校長先生に呼ばれ、一人で訪ねた私の目をじっと見つめて、先生は、「雅昭、人間は頭がいいとかいい大学を出たというだけでは立派な人にはなれないんだよ。一夜漬けで人間は成長もしない。時間、これが必要なんだ。これをずっと覚えておきなさい」と教えてくださった。今も先生の慈愛に溢れた真摯な眼差《まなざ》しを覚えている。元陸軍中尉、蝶《ちょう》ネクタイの似合う、日本人としての矜持《きょうじ》に溢れた、颯爽《さっそう》としたジェントルマンであったことも。

人間の成長、これにどれほどの時間とエネルギーが必要なことか。それだけではなかろう。本人の天命、運命、あらゆる現象がプラス、マイナスの影響を与える。そして、世界に一人しかいない人間となる。人間とは実に不思議なものである。こんなことを考えるようになって、私は人生の悲運に余り悲観しなくなった。「あれもこれも皆俺の成長の肥やしだ」と思えるようになった。

ただ、私など六十三年も生きてきて、この態《ざま》ではあるが。これでええか。

三十六　変化自由《へんげじゆう》

理《ことわり》に黙契《もっけい》して形《かたち》に泥《なず》まず、変化無窮《へんげむきゅう》なるは即《すなわ》ち道鬼《どうき》の教《おしえ》なり（後略）。

嘉永《かえい》二（一八四九）年三月「水陸戦略《すいりくせんりゃく》」

道理に自ずと合致し、形式にこだわらず、変化きわまりないのは山本勘助《やまもとかんすけ》道鬼の兵学の教えである（後略）。

【解説】

今も若い人には「原理主義者」が多い。これが俺の流儀、ポリシーとばかり、「ここはかくあるべし、ああいう時はこうである」と、自分を曲げない。かくいう私もそうだった。ところが、人生というもの、それほど、甘いものではない。「お前がどう思おうと、そんなことはいいんだよ」とばかり、私にとっては、如何にも理不尽《りふじん》としか思えないような事象を押しつけてくる。反発するが、どうにも手も足も出ない、という経験を腐るほど重ねさせられてきた。そして、気づけば、こんな爺《じじい》に。今では感謝しているが。

道元禅師《どうげんぜんじ》も『正法眼蔵《しょうぼうげんぞう》』の「礼拝得髄《らいはいとくずい》」に、理想の師の一つとして「野狐精《やこぜい》」を提唱しておられる。「野狐精」とは野狐。転じて、「変幻万化《へんげんばんか》、自由に機にのぞみ変に応じて、適切に弟子を教導することのできる資質」と恩師はいわれる。

人生という「戦場」は刻々状況は変化し、果てもない。道鬼山本勘助の教えに耳を傾けることも大切である。

三十七　礼儀を正す・恥を知る

御家中《ごかちゅう》孰《いず》れも武士道《ぶしどう》を守《まも》り礼儀廉恥《れいぎれんち》の風《ふう》を成《な》し（中略）候様《そうろうよう》の御政事《ごせいじ》深《ふか》く御詮議仰付《ごせんぎおおせつ》けられ度《た》く存《ぞん》じ奉《たてまつ》り候事《そうろうこと》。

嘉永《かえい》四（一八五一）年二月二十日「文武稽古万世不朽《ぶんぶけいこばんせいふきゅう》の御仕法立気付書《ごしほうだてきづきしょ》」

藩を挙げて皆武士道を守り、礼儀正しく、恥を知る風習が行き渡る（中略）ような政治のあり方を検討するよう、御下命いただきたいと思います。

【解説】

礼儀正しくあること、これは人として当たり前のことである。これは私のような者でも家庭で散々躾《しつ》けられた。また、学校で先生方からも耳にたこができるほど教えられた。ところが、最近の若者にこれのできない人が増えている。こんなことを口にすること自体、爺《じじい》になったという証拠か。

現在、私が最も心配していること、それは恥を知らない日本人の急増である。これに老若男女《ろうにゃくなんにょ》は問わない。私が子供の時分には、まだまだ、「恥を知れ」とは叱責《しっせき》の常套語《じょうとうご》だったように思う。ところが、現在は、これを口にしようものなら、「さすが、サムライ！　松陰先生の御研究をされてるだけのことはありますねえ」などと揶揄《やゆ》される始末。

心根は必ず顔にでる。最近しみじみ思うのは、青年期、誰の教えを受け、何を理想とし、どう生きたか。これが、四十歳以降の顔をつくるということである。

今の、日本人にとり、恥よりも大切なことは損得、金儲けか。何ともやりきれない。貧乏人のひがみと聞くなかれ。

三十八　為せば成る

呉《ご》奎《けい》、始《はじ》め少吏《しょうり》たり。昼《ひる》は則《すなわ》ち公事《くじ》を治《おさ》め、夜《よる》は輙《すなわ》ち書《しょ》を読《よ》み、寐《い》ねざること二十余年《にじゅうよねん》。

嘉永《かえい》五（一八五二）年九月「猛省録《もうせいろく》」

（宋《そう》の）呉奎は最初地位の低い役人だった。昼間はいうまでもなく役所で働き、夜はただちに学問をした。二十余年も寝なかった。

【解説】

人間に常識は必要だが、時には全て捨てた方がいい。これに縛られていると、できることもできない。

誰しも、経験したことのない、大きなプロジェクトを眼前《がんぜん》にすると、俺にできるだろうか、などと不安を感じるものである。見れば目標は遙か雲の上、長い長い階段だとつい尻込みする。

橋本左内《はしもとさない》の『啓発録《けいはつろく》』に「江戸立《えどだ》ち」なる話がある。左内は、「足弱《あしよわ》な者《もの》でも、一《いち》度江戸行《どえどゆ》き極《き》め候上《そうろううえ》は、竟《つい》には江戸《えど》まで到着《とうちゃく》する」と記している。

私のような意志薄弱どころか、測定不能な軟弱者でも、「本当の松陰を知りたい」と、屹度《きっと》、念じた三十代の高校教師時代、毎朝四時起床、研究という生活を約十数年間続けたことがある。時には、ひと月で約百枚の原稿を仕上げたことも。今なら、即、入院か。

「為《な》せば成る」といえば、私など、子供時代の東京オリンピック、女子バレーの「鬼の大松《だいまつ》」博文監督を思い出す。やはり「俺についてこい」も大切か。

三十九　師をもつ

閭巷《りょこう》の人《ひと》、行《こう》を砥《みが》き名《な》を立《た》てんと欲《ほっ》する者《もの》は、青雲《せいうん》の士《し》に附《ふ》するに非《あら》ずんば、悪《いずく》んぞ能《よ》く後世《こうせい》に施《ほどこ》さんや（後略）。

弘化《こうか》四（一八四七）年二月朔日《ついたち》「清水赤城《しみずせきじょう》に与《あた（う）》ふる書《しょ》」

一般の人で、行いを磨き名を立てようと望む者は、立派な志のある人に付かなければ、どうして後世に名を残す人物になれようか。なれはしない（後略）。

【解説】

独学で人間は成長しない。自分で自分の思惟《しい》を超えることなどできないからである。行き詰まったところで止まる。

「自己教育」という。自己教育とは人間が生来的《しょうらい》にもつ能力で、「学習者が自分で自分を教育するという自覚をもって、学問の追究、人格形成などを行うこと」である。そして、学習に行き詰まった時、指導してくださる「師」をもつことが条件である。私はこれを、教育方法の中心の一つであり、また、教育目的のそれと考えている。日頃の教育活動において、これのできる青年を育てたいというのが私の目標である。

何も学問、技芸だけではない。品性の陶冶《とうや》、人格の形成においても同様である。現在の政財界を見ても、心ある人は生涯の「師」をもち、教えを受け、己を鍛え続けておられる。これである。

世阿弥《ぜあみ》も『花鏡《かきょう》』に、超一流の「芸者」となる条件に、天性の素質、専心する情熱と並べ、よき「師」の存在をあげている。

四十　小成に安んじない

今《いま》、常人《じょうじん》の通情《つうじょう》を察《さっ》するに、（中略）大抵十《たいていじゅう》人並《にんなみ》の人《ひと》とならんと思《おも》（う）ふ迄《まで》にて、百人千人《ひゃくにんせんにん》万人《ばんにん》に傑出《けっしゅつ》せんと思《おも》（う）ふ者《もの》更《さら》に少《すく》なし。

安政《あんせい》二（一八五五）年八月九日「講孟劄記《こうもうさっき》」

今、一般人の気持ちを察するに、（中略）大抵人並みになれればいいと思っている。百、千、万人中で飛びぬけ、優れた人物たらんと願う人は、誠に少ない。

【解説】

高校生の頃、恩師からたたき込まれた教え、「マイホーム主義者になるな。これが戦後の亡国思想である」。今なら、即、新聞沙汰《ざた》か。

さて、私は先生の教えを、松陰のいう「軽用妄挙《けいようもうきょ》して以《もっ》て小成《しょうせい》に安《やす》んずることなかれ（簡単な気持ちで、道理にはずれた振る舞いをして、ほどほどの人物になることで満足してはいけませんよ）」と、この教えに勝手に重ねて理解してきた。

その意味で、渡辺淳一さんが『遠き落日』に描かれた野口英世には感動した。あの会津の田舎から東京に出て医者となる。ここで止まらない。米国へ行き、細菌学の研究で世界的な名声を得る。我が国へ錦《にしき》を飾る。これでも止まらない。やがて、アフリカの奇病を知り、周りの反対を押し切ってガーナへ。そこで、黄熱病の研究中、自ら罹病《りびょう》し、倒れる。子供の頃読んだ偉人野口と余りに違う野口像に、初めて野口を好きになった。こんな男を「小成」に安んじない男というべきか。私の生涯の憧れである。

四十一　苦労は買っておけ

夫《そ》れ薬石《やくせき》の苦《にが》き、鍼砭《しんぺん》の痛《いた》きは、病《やまい》を去《さ》りて身《み》を保《たも》つ所以《ゆえん》なり。

弘化《こうか》四（一八四七）年九月晦日《みそか》「平内府論《へいないふろん》」

だいたい、漢方薬が苦く、鍼《はり》治療が痛いのは、病気を治して、健康を保とうとするからである。

【解説】

『孟子《もうし》』滕文公上《とうぶんこうじょう》首章には、「書《しょ》に曰《いわ》く、若《も》し薬瞑眩《くすりめんげん》せずんば厥《そ》の疾《やまい》瘳《い》えず（『書《しょ》経《きょう》』にも、『薬は飲んで目まいがするくらいでなくては、〔効き目はないし〕病気は治らない』と申しております）」とある。これを受け、松陰は「是《こ》れ実《じつ》に吾《わ》が輩《はい》の良薬《りょうやく》なるかな（この言葉は、実に私にとっての良薬であることだ）」と結んでいる。松陰の肝っ玉の据《す》わりに学びたい。

人間、苦労の渦中《かちゅう》にある時には、辛いと感じるだけである。そこから、逃げたいと思うばかりである。ところが、これも若い時のことだけである。苦労と長年付き合っていれば、そのうち、「いらっしゃい」などと笑顔まで向けられるようになる。また、振り返れば、あれが俺を育ててくれたなどと、逆に感謝している自分がいる。俺も少しは歳を取ったということか。

尼子十勇士《あまこじゅうゆうし》の一人山中鹿之助幸盛《やまなかしかのすけゆきもり》は、雲州月山富田城《うんしゅうがっさんとだじょう》の西、三笠山《みかさやま》にかかる「三日月に手を合わせ」「願《ねが》わくは我《わ》れに七難八苦《しちなんはっく》を与《あた》え給《たま》え」と祈ったという。

人生のピンチは人を玉《ぎょく》とする。苦労を歓迎するくらいの気概《きがい》をもちたい。

四十二　命はお預かりもの

死《し》生《せい》命《めい》あり、豈《あ》に祈《いの》りを以《もっ》てして得《う》べけんや。

弘《こう》化《か》四（一八四七）年九月晦日《みそか》「平内府論《へいないふろん》」

死ぬか生きるかは天命である。どうして、祈ったからといって、思うようになろうか。なりはしない。

【解説】

「人間は絶対に死ぬ」ということ、これを致知出版社の藤尾秀昭社長が講演で「絶対不変の真理です」といわれるのをお聞きし、改めて、「そうか」と感動したことがある。私など、こんなことさえ、日頃は全く考えないで生きている。

同じようなことは、受験などの際の神詣《かみもうで》か。私でもこと受験の年には、これだけは欠かさなかった。しかし、考えて見れば、祈って、偏差値が上がることなどない。ましてや、合格を保証してくださる神様などおられるはずがない。それでも、人間というものは、神や仏様などにすがりつくものである。これも気持ちの問題か。

自分というもの、我々はこれを自分の私物と信じて疑わない。そうだろうか。かつて、「両親の遺体」と考えた学問が流行したこともある。

命のみならず、人生も神様あるいは「サムシンググレート」からのお預かりものと思えば、随分と気持ちも変わる。

祈りは大切である。しかし、まず自分がやるべきことも多い。

四十三　奮激

自《みずか》ら以《もっ》て俗輩《ぞくはい》と同《おな》じからずと為《な》すは非《ひ》なり、当《まさ》に俗輩《ぞくはい》と同《おな》じかるべからずと為《な》すは是《ぜ》なり。蓋《けだ》し傲慢《ごうまん》と奮激《ふんげき》との分《わかれ》なり。

弘化《こうか》四（一八四七）年「寡欲録《かよくろく》」

自らを凡俗《ぼんぞく》な人間と同じではないとするのはいけない。それと同類にはならないとするのはよい。それは、思い上がりと奮い立たせることの違いである。

【解説】

今も「傲慢《ごうまん》」な奴、何と繁殖能力の高いことか。

私など人様に誇れるような学歴、地位、肩書、お金、また、頭の良さ等、何もない。よって、そんな輩《やから》からは、「同《おな》じかるべからず」と見下げられる側の「俗輩《ぞくはい》」か。しかし、これを恥ずかしいと思ったことなど一度もない。今では、心の中で、「じゃけえ、どうした。文句があるか」などと逆に胸を張って生きている。また、「傲慢」な奴には「お気の毒に」と、憐《あわ》れみの情さえ、感じるようになった。

ただ、「奮激」だけは自信がある。自分が考えていたよりも馬鹿と知った十五歳の夏以来である。あれから四十八年か。ずっと、努力、それも誰にも負けない努力だけはやれ、と己を「奮激」し続けてきた。

兎《うさぎ》に生まれられなかった亀、それも私のような「鈍亀《どんがめ》」は「奮激」にしか人生はない。

四十四　隣の芝生は青いか

夫《そ》れ戦《いくさ》に臨《のぞ》みて精《せい》神《しん》静《せい》定《てい》なる者《もの》は蓋《けだ》し鮮《すくな》し

弘化《こうか》四（一八四七）年「槍鈀《そうは》の説《せつ》」

一体に、戦の場に臨んだ時、精神が静かで安定しているものは、思うに少ない。

【解説】

どれほど困難な仕事を命ぜられても平然とこなし、どんな状況におかれても顔色一つ変えない。そう、そんなターミネーターみたいな奴があなたの周りにもきっといるだろう。今思えば、私などそんな人間に囲まれて生きてきたようにさえ感じる人生であった。

しかし、この教えを知り、心の霧がさっと晴れたような気になった。そうだったのである。それは、私の弱い心が勝手に作り出した幻想だったのである。

人間というもの、皆、往々《おうおう》にしてこうやって生きている。そして、意味もなく、そんな自分の幻想が作り出した他者をうらやみ、妬《ねた》み、そねむ。「あいつに比べてこの俺はなあ」などと、己を、人生を嘆く、卑下《ひげ》する。気づけば、気力衰頽《すいたい》、体力減退、果ては「心死《しんし》」状態に。

まず、幻想を捨て、あなたの心の中の「あいつ」の情報収集から始めよう。情報さえ得られれば、それほどの奴ではないことなど、すぐに分かるから。

人間とはかくも不思議な存在である。

四十五　艱苦が鍛えてくれる

艱《かん》苦《く》を経《ふ》るに因《よ》つ《(つ)》て精《せい》神《しん》を倍《ま》す

安政《あんせい》二（一八五五）年五月五日「冤魂慰草《えんこんいそう》」

困難に遭い、苦しみ悩むことによって、精神は鍛えられる。

【解説】

松陰の同志金子重之助《かねこしげのすけ》（重輔《じゅうすけ》）の死に際し、富永有隣《とみながゆうりん》が贈った漢詩の一節。人生の真理、将にここにありか。

「艱苦」は人生の肥やしとはよく耳にする。しかし、松陰は「精神」が鍛えられると、より明確に教えてくれる。将に然り、然り。

私のあるかないか分からないような、貧弱な精神。これを鍛えてくれるものは、若い頃は、学生時代まで逆上《のぼ》せ込んだ野球部の練習だと思っていた。娑婆《しゃば》に出て、真摯に学問をするようになり、今度は、学問の厳しさだと感じた。やっとこの歳となり、いや、そんなことより、これまで天が何度も与えてくださる、人生の「艱苦」だと理解した。

精神を鍛えるといい心の鍛錬という。それは自分から望む世界、そんな甘っちょろいところにはないと知った。天が否応《いやおう》なしに、あなたに与える、いわゆる、「ラクダの時代」、「踊り場の時代」、これである。逃げたらいけない。

そこでの七転八倒《しちてんばっとう》、もだえ苦しみ、これがあなたの精神を鍛える。

四十六　異性

古人《こじん》の面目《めんぼく》、千歳《せんざい》新《あら》たなるが如《ごと》し。今世《こんせ》の人《ひと》の朝雲暮雨《ちょううんぼう》なるに似《に》ざるなり。

安政《あんせい》五（一八五八）年十二月十九日「彌治《やじ》に与《あた（う）》ふ」

昔の心ある人のありようは、千年たっても清新である。現在の人が、男女の愛情に溺れているような無様《ぶざま》な状態には似てもいなかった。

【解説】

私など、前段「古人《こじん》の面目《めんぼく》、千歳新《せんざいあら》たなるが如《ごと》し」に心躍り、後段「今世《こんせ》の人《ひと》の朝雲暮雨《ちょううんぼう》なるに似《に》ざるなり」に現実に引き戻される。反省。

しかし、ということは、幕末、あの我が国存亡の危機の時代にも、「朝雲暮雨」に溺れていた奴がいたということか。何ともはや。さすが、我が長州人というべきか。

松陰が現在の我が国の人口減少問題を知れば、果たして何というのだろうか。それでも、「何たるこっちゃ」と嘆くのであろうか。

非常時に生きた松陰には理解できない世界もある。今の幸せに感謝か。しかし、昨今のアジア情勢を見れば、すでに、気楽に「アモーレ」などと叫んでいる時代でもない。

人生にメリハリが必要なように、国家にもそれは必要である。「朝雲暮雨」もよし。そんな時は徹底してやればいい。そんな経験もない人間に人生など理解できるはずなどないのだから。

「古人の面目、千歳新たなるが如し」、これに心洗われる。

四十七　人の患

人《ひと》の患《うれい》は罪《つみ》を犯《おか》して罪《つみ》を知《し》らざるにあり

安政《あんせい》二（一八五五）年八月三日「講孟箚記《こうもうさっき》」

人の憂うべきことは、罪を犯していながら、それを自覚していないことである。

【解説】

人間は自分というものが一番分からない。よって、自分では自分が今、罪を犯しているのか否《いな》かさえ分からない。

また、罪と自覚しても、すぐに自分にいい訳をする。次は周りの人々に対して。人間の理性なるものが、フル稼働《かどう》する時である。かくいう私も、こんなことを繰り返し、生きてきた。

松陰は、「士《し》は過《あやまち》なきを貴《たっと》しとせず、過《あやまち》を改《あらた》むるを貴《たっと》しと為《な》す（立派なこころある人は過ちがないということを重んじるのではない。過ちを改めることを重んじるのである）」と教えている。これに救われる。しかし、これができる人は凄い人である。これができないから、皆、悩むのである。

『孟子《もうし》』離婁下《りろうげ》十二章に、「大人《たいじん》とは、其《そ》の赤子《せきし》の心《こころ》を失《うしな(わ)》はざるなり（大徳のある人は、赤子そのままの純真な心を失っていない者である）」とある。この凄さを改めて感じる。

四十八　死《し》而《して》後《のち》已《やむ》

凡《およ》そ学《がく》問《もん》の道《みち》死《し》して後《のち》已《や》む。若《も》し未《いま》だ死《し》せずして半《はん》塗《と》にして先《ま》づ(ず)廃《はい》すれば、前《ぜん》功《こう》皆《みな》棄《す》つるものなり。

安政《あんせい》三（一八五六）年五月二十三日「講孟箚記《こうもうさっき》」

大体、学問は死ぬまで継続すべきものである。もしも、死んでもいないのに、途中でやめてしまえば、努力して得たものは全て捨ててしまったことになる。

【解説】

ここに、学問というものの目的をうかがうことができる。学問、それは己をまともな人間にするためにある。しかし、松陰の「途中でやめてしまえば、それ以前に努力して得たものは全て捨てたことになる」との教えは、軟弱な私の心をも折々に叱咤してくれる。

ところが、人間は分かっていても、他の雑事に心奪われ、無意識のうちに、それを繰り返す。

また、これは何も学問だけの話ではない。松陰という青年に感動し、研究の道を志して以来四十五年、何度も「もうええわ」と挫折《ざせつ》しそうになったことは二、三度ではない。それを何とか支えてくださったのは恩師とこの教えである。

若い頃は、「松陰のような男にはまった俺が馬鹿だった」と思ったことも。最近、そうではないと気づいた。私が主体的に選んだのではない。私の気質、生き方故《ゆえ》に、たどり着いたのである、と。しかし、まだまだ松陰という青年、分からないことだらけである。来世もやるか。

四十九「口だけ大将」！

初《はじ》めより心《こころ》に思《おも》はず、故《ゆえ》に躬《み》に行《おこな》はず。思《おも》はず行《おこな》はず、言《げん》を易《やす》うする所以《ゆえん》なり。

嘉永《かえい》三（一八五〇）年五月二十七日「中庸講義《ちゅうようこうぎ》」

最初から真剣に考えない。だから、実行しない。考えず、実行しないのは、言葉を軽々しく口にするいわれである。

【解説】

私など、この典型か。この書を自分への戒めのために書こうと、お引き受けした所以《ゆえん》である。

松陰には「常人《じょうじん》の情《じょう》として、自《みずか》ら行ふ《おこな(う)》を勤《つと》めず、好《この》んで無当《むとう》の大言《たいげん》をなし、聖人《せいじん》となるも、善国《ぜんこく》となすも、茶漬《ちゃづけ》を食ふ《く(う)》如《ごと》くに言ふ《い(う)》者多《ものおお》し（一般人の人情として、自身から実践しようとすることもなく、好んで当てにならない大言をはき、聖人となるとか、立派な国にするなどという重大な問題を、あたかも、茶漬けでも食うように、無責任に口にするものが多い）」との教えもある。これも、私の心にグサグサと突き刺さる。嗚乎、何という人間か。俺は。

ただ、その松陰でさえ、「吾《わ》が性多言《せいたげん》なり、多言《たげん》は敬《けい》を失《しっ》し誠《まこと》を散《さん》ず、故《ゆえ》に無用《むよう》の言《げん》を言は《い(わ)》ざるを第一戒《だいいっかい》と為《な》す（私は口数が多い性格である。これは敬いの気持ちを失わせ、まごころを散逸《さんいつ》させる。だから、必要のないことを口にしないということを、第一の戒めとする）」と述べている。これに救われる。

今日からは、と決意だけはするのだが。「明日があるさ」を歌っているうちは無理か。

五十　真の情け

無情《むじょう》却《かえ》（つ）て情《なさけ》有《あ》り

安政《あんせい》元（一八五四）年冬「幽囚録《ゆうしゅうろく》」

無情、情けがないように見える中にこそ、逆に情けがある。

【解説】

自分を叱ってくれる人、この存在が如何にありがたいものであることか。「無情」、これも指導方法の一つである。無視などではない。

ところが、今の若い人たるや、このニュアンスを理解してくれない。すぐに無視と勘違いする。しかし、あなたのことを心配し、じっと見ているのである。待っているのである。

明和《めいわ》三（一七六六）年九月十六日、賀茂真淵《かものまぶち》が本居宣長《もとおりのりなが》にあてた書翰《しょかん》に「答《こたえ》はすまじきなり（〔深く学んでもいないあなたの質問に〕お答えをすることはできそうにありません）」という一文がある。恩師は「真淵のつきはなしは、宣長に猛省させずにはおかない。（中略）真淵のきびしさは、しかし、宣長への愛にいろどられ、温情あふれる教導として、文脈を流れていることは、みのがすことができない。真淵の愛弟子《まなでし》、宣長への愛情によって、きびしいつきはなしは、それがそのまま、あたたかい教《おしえ》になっている」といわれる。

「無情」、これに学べる人間になりたいものである。

五十一　戦友

死《し》友《ゆう》に負《そむ》かずと謂《い》ふ《(う)》べし。死《し》友《ゆう》に負《そむ》く者《もの》、安《いず》んぞ男《だん》子《し》と称《しょう》するに足《た》らんや。

安政《あんせい》六（一八五九）年五月二十二日「照顔録《しょうがんろく》」

（程嬰《ていえい》らの）生死は、先立った同志の忠死に背《そむ》かなかったというべきである。そんな同志の忠死に背くような者をどうして男子と呼べようか。呼べはしない。

【解説】

古代中国の春秋時代、晋《しん》の趙朔《ちょうさく》が屠岸賈《とがんか》に殺される。そこで、趙朔の友人程嬰《ていえい》は同志公孫杵臼《こうそんしょきゅう》と謀り、自身は趙朔の孤児（後の趙武《ちょうぶ》）を、公孫杵臼は程嬰の実子を抱いて山中に隠れた。程嬰は公孫杵臼との約束通り、「公孫杵臼は趙朔の孤児（後の趙武）をかくまい、育てていますよ」と、屠岸賈に嘘《うそ》の密告をする。屠岸賈は公孫杵臼と子供を（趙朔の孤児と信じて）殺害する。程嬰はその後も山中で密かに孤児を育て続ける。やがて孤児は成人して趙武《ちょうぶ》となり、父趙朔の仇《かたき》屠岸賈を討ち、家を再興する。その後、趙武が成人すると、程嬰は、先に殺された同志公孫杵臼の墓前で自裁する。趙武はやがて晋の宰相《さいしょう》となった、という話である。

翻《ひるがえ》って、現在の我々は「死友に負かず」どころではない。仲間を平気で裏切る。否、「戦友」と呼べるほどの仲間、同志もいないことの方が問題か。人生の喜びの一つは「戦友」の存在である。これだけには、決して「負」かないことである。

五十二　遼東之豕《りょうとうのいのこ》

凡《およ》そ書《しょ》を読《よ》みて吾《わ》れの言《い》はん《(わ)》と欲《ほっ》する所《ところ》は古人《こじん》先《ま》づ《(ず)》之《こ》れを言《い》へ《(え)》り

安政《あんせい》三（一八五六）年五月二十日「叢棘随筆《そうきょくずいひつ》」

大体に、書物を読んでいて、私がこうだと思うことは、昔の人は先にこれをいっている。

【解説】

研究者の末席を汚す私には、この教えは大変重要である。これを目にする度、ドキッとする。勉強不足を反省すると共に、「創造」なるもの、如何に難しいことであるかを考えさせられる。しかし、ここから歩むしかない。

松陰はまた、「道《みち》は古聖賢《こせいけん》大抵《たいてい》言《い(い)》ひ尽《つく》せり。今《いま》の学者《がくしゃ》多《おお》くは其《そ》の書《しょ》を観《み》て口真似《くちまね》をなすのみ、別《べつ》に新見卓識《しんけんたくしき》古人《こじん》に駕出《がしゅつ》するに非《あら》ず。然《しか》れば師弟《してい》共《とも》に諸共《もろとも》聖賢《せいけん》の門人《もんじん》と云《い(う)》ふものなり。同門人《どうもんじん》の中《なか》にて妄《みだ》りに師《し》と云《い(い)》ひ弟子《でし》と云《い(う)》ふは、第一《だいいち》古聖賢《こせいけん》へ対《たい》して憚《はばか》り多《おお》きことならずや（人としての道は昔の聖人や賢者が大抵いい尽くしている。今の学者という者、多くはその書を見て、口真似をしているだけである。別に新しい発見や優れた見識が、昔の聖賢を凌《しの》いでいる訳ではない。とすれば、師も弟子も全て聖賢の門人というべきものである。だから、同じ〔聖賢の〕門人の中で、むやみに師といい、弟子というのは、昔の聖賢に対して、恐れ多いことではないか）」とも教えている。

これに胸を張れる人は果たしているか。

五十三　体と心

体《からだ》は私《わたくし》なり、心《こころ》は公《おおやけ》なり。

安政《あんせい》三（一八五六）年四月十五日「七生説《しちしょうせつ》」

身体は個人的なものであり、心は公共のものである。

【解説】

私の若い頃、もっとも封建的だと否定された教えがこれか。

確か、我々労働者が提供する労働力に比して、人民の敵である資本家階級は正当な対価を払わず、搾取《さくしゅ》を繰り返しているなどと、大学という世界においてさえ、ヘルメットに身を包み、何故かタオルで顔を隠した学生達が声高《こわだか》に「シュプレヒコール」を繰り返していた、そんな時代だったように記憶している。私など「シュプレヒコール」＝Sprechchorはドイツ語と知り、「Sprechen」＝話す、「Chor」＝合唱なる単語が覚えられたと、一人悦《えつ》に入《い》っていた学生だった。

田舎教師となり、私のような者でも慕ってくれる生徒を目前にすると、「教える」喜びに没頭し、「俺の提供する労働力」などという発想さえ、頭の中から消え去っていた。私がおかしいのであろうか。

今はといえば、体は天からのお預かりもの、心も全て投げ出して、プロかと思うようになった。

人それぞれでいい。今のあなたはどうだろう。

五十四　ものの常

進《すす》むこと鋭《するど》き者《もの》は退《しりぞ》くこと速《すみや》かに、成《な》ること易《やす》き者《もの》は壊《こわ》るること脆《もろ》きは、物《もの》の常《つね》なり。

安政《あんせい》二（一八五五）年四月十日「清狂《せいきょう》に与《あた（う）》ふ」

調子よく進むお調子者は、退くことも早い。簡単にできるものは、すぐに壊れる脆いものである。これが世の常である。

【解説】

元は『孟子《もうし》』尽心上《じんしんじょう》四十四章の名辞。俗に「惚れやすの飽きやす」という。若い頃は、皆これである。何も気にすることはない。そんな私が「松陰だ」と屹度《きっと》、決めたのは三十代後半のことだった。

ところが、これが人間の性《さが》か。ほんの僅《わず》かやっただけで、今度は、「俺がこの世に生きた、存在した証を何か残して死にたい」などと、思うようになった。

そんな私を見越されたのか、ある日、恩師が、「研究は最低三十年はやりなさい。少しは花も咲くから。ただ、学界で有名になりたいとか、有名な大学の先生になりたいとか、ましてや、マスコミ等でちやほやされたいなどという気が生じたら、研究はやめなさい。研究者は研究をやってればええ。素人はええ。松陰のことを本当に分かっているプロがうなる論文、これを死ぬまでに一本書ければいい。それで君の研究者生活は成功というものだ」と教えてくださった。己を心から恥じた。今もあの時の恩師の慈愛に溢れた目を覚えている。

私の研究など、まだまだ「脆」レベルである。道は遠い。

五十五　気旺ならば

勢《いきお》い振《ふる》はば天下《てんか》に強敵《きょうてき》なく、気旺《きさかん》ならば天下《てんか》に難事《なんじ》なし。

安政《あんせい》元（一八五四）年冬「金子重輔《かねこじゅうすけ》に与《あた》ふる書《しょ》」

意気込みが振るい立っていれば、この世界に手強《てごわ》い敵はなく、気力盛んであれば、この世界に難しいことはない。

【解説】

このような生き方のできる人間になりたいと念じてきた。人皆一様に願う世界である。しかし、人間、どうすれば、このように、意気込みが振るい立ち、気力も盛んとなるのか。松陰は「日ごろは、だいたい用事がある時以外は、しゃべるな。しゃべる時には必ず、穏《おだ》やかに、和《なご》やかに、まるで婦人のようにせよ。これが気魄《きはく》の根源である。言葉を慎《つつし》み、行いを慎み、へりくだった言葉、小さな声でなければ、大きな気魄というものは出るものではない」と教えている。

私など、「勢振るわず、気も旺《さかん》ならず」という時が数年に一度はやってくる。そんな時は吉川英治よろしく、「無為《むい》の病《やまい》」などと開き直っている。「休めという天の命令である。天下国家に何の影響もないし」などと、堂々とサボっている。人間、そんな時は、往々《おうおう》、碌《ろく》なことはしないものだから。

いずれ、「やる気」君は帰ってくる。そこまでじっとしていればいい。

つくづく人間は何か不思議な力に生かされていると感じる。

五十六　ならう

私《し》見《けん》を立《た》つるなかれ

安政《あんせい》四（一八五七）年三月六日「赤川淡水《あかがわおうみ》の常陸《ひたち》に遊学《ゆうがく》するを送《おく》る序《じょ》」

自分の意見をいうな。

【解説】

道元も『学道用心集《がくどうようじんしゅう》』に、「ただ師法《しほう》を聴受《ちょうじゅ》し、更《さら》に余念《よねん》を交《まじ》えざれ。身心一如《しんじんいちにょ》にして水《みず》の器《うつわ》に瀉《そそ》ぐがごとし。もしよくかくのごとくんば、まさに師法《しほう》を得《え》ん（ただ師の教えをひたすらに拝聴し、更に、他のことを一切考えてはならない。身体と心が一体となって、水を器に注ぐようなものである。もしも、このような状態となれば、まさしく師の教えを得ることができよう）」と教えている。

翻《ひるがえ》って、我々はこの反対を教えられてきた。「君の意見は」と。今、流行のアクティブラーニングなども同類か。

しかし、我が国には道元禅師、松陰が説くような学問の伝統が今も連綿《れんめん》と存在することも確かである。

まず、コップを空《から》にし、上向きにしよう。そして、「俺はこう考える」という、自分の稚拙な知識を全て捨ててみよう。きっと違う世界が拓《ひら》けるから。

昔、授業で「私見を立つるなかれ」と語ったら、すぐに優秀君曰《いわ》く。「これって、先生の私見では」と。嗚乎。「と、いってますよ」と付けるべきだったか。

五十七　惨《さん》とは

古語《こご》に曰《いわ》く、「惨《さん》は心死《しんし》より惨《さん》なるはなし」と。

安政《あんせい》六（一八五九）年二月十二日「無逸《むいつ》の心死《しんし》を哭《こく》す」

古人が、「心が死ぬということより悲惨なことはない」といっている。

【解説】

人間、何が辛いといって、この「心死」ほど辛いものはない。しかし、私など数年に一度、必ず心が突然死する。実に不思議である。

昨年の学会報告を終えた時点までは達成感に包まれ、心身共に充実していた。ところが、例年なら、次年度の研究テーマについてあれこれと考える年末年始、突然のように「心死」状態に。「いらっしゃい」と対応を。

私の療法、それは何もしないことである。徹底的に何もしない。これだけ。毎日毎日、よく寝た。ところが、四ヶ月も経ち、さすがに気になった。ある日、こっそりとパソコンの「鬱病《うつびょう》診断」を。結果は「軽度の鬱病です。心療内科へ早く行きましょう」と。「なんだ、軽度か。じゃあいいや」で終わり。

春四月を迎えた頃、突然、スイッチオン。やる気充足。この度も、理由が全く思い当たらない。何か狐につままれた観《かん》の四ヶ月だった。あんな時もある。

心が元気なこと。今はこの幸せをかみしめている。人間は不思議である。

五十八　初一念

人《ひと》は初《しょ》一《いち》念《ねん》が大《たい》切《せつ》なるものにて（後略）。

安政《あんせい》二（一八五五）年八月二十六日「講孟箚記《こうもうさっき》」

人間は最初に心に深く思ったことが大切である（後略）。

【解説】

　これに続け、松陰は「就中誠心道《なかんずくせいしんみち》を求《もと》むるは上《じょう》なり。名利《みょうり》の為《ため》にするは下《げ》なり。故《ゆえ》に初一念《しょいちねん》名利《みょうり》の為《た》めに初《はじ》めたる学問《がくもん》は、進《すす》めば進《すす》む程其《ほどそ》の弊著《へいあら(わ)》はれ、博学宏詞《はくがくこうし》を以《もっ》て是《こ》れを粉飾《ふんしょく》すと云《い(え)》へども、遂《つい》に是《こ》れを掩《おお(う)》ふこと能《あた(わ)》はず。大事《だいじ》に臨《のぞ》み進退拠《しんたいよりどころ》を失《うしな(い)》ひ、節義《せつぎ》を欠《か》き勢利《せいり》に屈《くっ》し、醜態云《しゅうたいい(う)》ふに忍《しの》びざるに至《いた》る（とりわけ、人間としての正しい生き方を求めようとするのは上の部類である。有名になりたいとか、得をするために行うのは下の部類である。だから、名誉や得のために始めた学問は、進めば進むほど、その弊害が現れる。それを広い学識や高尚な文章で飾っても、ついにはこれを覆《おお》い隠すことはできない。また、大切な事態に際しては、進退のよりどころを失い、節義を欠き、権力や利益に屈してしまう。その見苦しく恥ずべき様子は、口にすることさえ忍ぶことができないまでになってしまう）」と教えている。

「名利《みょうり》の為《た》めに初《はじ》めたる学問《がくもん》は、進《すす》めば進《すす》む程其《ほどそ》の弊著《へいあら(わ)》はれ」、「醜態云《しゅうたいい(う)》ふに忍《しの》びざるに至《いた》る」に学びたい。「触法《しょくほう》」ならずとも、これで人生を失う者は少なくない。

五十九　ロイヤリティー

明主《めいしゅ》に忠《ちゅう》あるは珍《めずら》しからず、暗主《あんしゅ》に忠《ちゅう》なるこそ真忠《しんちゅう》なれ。

安政《あんせい》二（一八五五）年十一月十二日「講孟劄記《こうもうさっき》」

立派な主人に仕えてまごころを尽くすことは、珍しいことではない。おろかな主人にまごころを尽くすことこそ、本当の忠臣である。

【解説】

この教え、学生時代には無条件に肯定した。娑婆《しゃば》に出て、上司なる方にお仕えしてみて、武士とは、何と辛いものかと感じた。今はといえば、人による。何故なら、上司は忠の対象たる主君とはなり得ないからである。しかし、「真忠《しんちゅう》」たることの難しさは実感している。ということは、私の心のどこかに、そうありたいという願望があるのだろうか。しかし、こんなことを考えていること自体「侍」失格か。

色々な上司にお会いした。上にはペコペコ、一転、我々下々へはふんぞり返っていた方。いつもニコニコ、口を開けば、「今晩、一杯行こうか」なる方。「大過《たいか》なく」に徹していた方。中には部下にごまをする方も。

今思えば、皆さん、それぞれ、大変だったんだと分かる。理想の上司。それは私には、まごころの感じられる方である。学歴・肩書、ましてやお金などで、慕い、付き従うほど人間は馬鹿ではない。

ロイヤリティー、難しい問題ではある。

六十　心

心《こころ》程《ほど》人《ひと》の能《よ》く知《し》るものはなし

安政《あんせい》三（一八五六）年三月二十六日「講孟箚記《こうもうさっき》」

心ほど、人がよく知っているものはない。

【解説】

松陰はこの前段で、「一般の人は、耳目など外貌《がいぼう》は他者が見るところだから、飾らねばならないと考えている。心は他者には分からず、自分だけが知っている。だから、放っておいてもよいと考え、忌《い》み憚《はばか》ることなく、荒廃《こうはい》させている。これは愚《ぐ》の至りというべきことである」と説く。そして、後段で、「耳目四体《じもくしたい》は相見《あいみ》ざれば或《あるい》は知《し》らず。心《こころ》に至《いた》りては一見《いっけん》せずと云《い》へ（え）ども、名《な》を好み利《り》を好み、徳《とく》を好み勇《ゆう》を好むの類《たぐい》、一《いっ》として人目《じんもく》に逃《のが》るる所《ところ》なし。（中略）畏《おそ》るべきの至《いた》りと云《い》ふ（う）べし。然《しか》れども是《こ》れ亦《またの》頼母敷《もしき》の至《いた》りと云《い》ふ（う）べし（耳目や全身は直接会わなければ分からないであろう。しかし、心は会わなくても、名誉を好むとか、利益を好むとか、また、徳を好むとか、勇気を好むということは、一つとして、人に知られないものはない。〔中略〕最も恐るべきこととというべきである。しかしながら、同時に、最も頼もしいものというべきである）」と教えている。

鍛錬すべきは、心である。これが人生かもしれない。

六十一　箚記《さっき》する

人《ひと》の話《はなし》を徒《いたず》らに聞《き》かぬ事《こと》と、聞《き》いた事《こと》見《み》た事《こと》、皆《みな》書《か》き留《と》め置《お》く事《こと》、肝要《かんよう》の心得《こころえ》なり。

安政《あんせい》二（一八五五）年三月某日《ぼうじつ》「松本源四郎宛《まつもとげんしろうあて》」

人の話をただぼーっとして聞かないこと、聞いたことや見たことを記録すること、これらは非常に大切な心得である。

【解説】

これが若い頃にできなかった。その必要を感じなかった。今思えば、何の根拠もない自信、否、過信に溢れ、傲慢《ごうまん》だっただけである。いや、馬鹿だったということか。

それが、娑婆に出て、色々な人にお会いし、お話を聞く機会が増えた。時には、鳥肌が立つほど、感動を覚える話をお聞きしたことも。そんな時、ふと、これほどの英知を学ぶには、どれ丈《だけ》の書物を読まねばならないのかと感じた。初めて、「我以外《われいがい》みな我《わ》が師也《しなり》」という境地を知った。三十代終わりの頃であった。それからである。私もノートを持ち歩くようになった。今ではどこに行くにも、自分の影とこのノートと、三人連れである。

このノートと、ずっと万年筆で書いてきた日記、研究ノート、研究で知った名辞の劄記《さっき》集。これらが時に人生を教えてくれる。

「忘却とは忘れ去ることなり」という流行語もあった。しかし、人間は時に過去の自分を振り返ることも、大切な成長の糧《かて》となる。劄記の重要な所以《ゆえん》である。

六十二　諫言《かんげん》

人《ひと》を諫《いさ》むる者《もの》安《いずく》んぞ自《みずか》ら戒《いまし》めざるべけんや

安政《あんせい》四（一八五七）年六月八日「幽窓随筆《ゆうそうずいひつ》」

人を諫める人は、どうして常に自分を戒めなくていいだろうか。戒めるべきである。

【解説】

悪口ではない諫言《かんげん》。それと気づいた者が、上司などの非をおいさめ申し上げることである。私の研究によれば、松陰は生涯、諫言のできる武士を理想としていた。よって、この教えがある。

ところが、非なるものの基準は人それぞれ。そこで、時に、諫言と悪口がごちゃ混ぜになる。ご本人は「諫言」と信じ、青筋を立てて、「御注進《ごちゅうしん》」をされる。将に正義の味方、ここにありである。これとても、簡単にできるものではない。皆、御身《おんみ》大切なのである。しかし、端《はた》で聞いている私にはどう考えても悪口にしか聞こえないことの方が多かった。ただ、この歳になって思えば、あの方々もそれなりに本気だったと分かる。懐かしい昭和の思い出である。

逆に今は、実にいいことを諫言する若い方も多い。頭がいいなあと、私など感動しきりである。ただ、気になるのは、そんな方の自戒《じかい》など微塵《みじん》も感じない日常生活と知識をひけらかしておられるとしか思えない態度である。

私など、まごころのない諫言などあり得ないと思うのだが。これも爺の目か。

六十三　チャンスは何度もある

事会《じかい》の来《きた》るや極《きわま》りなく、
ここに失《うしな》ふ《(う)》もかしこに為《な》すべし。

「思父《しふ》、過《あやまち》を引《ひ》くの書《しょ》を得《え》、喜慰《きい》、望《のぞみ》に過《す》ぐ云々《うんぬん》（詩《し》）」
安政《あんせい》六（一八五九）年三月十七日

物事が集まり来ることに決まりごとはない。ここで失っても、あそこでなすべきである。

【解説】

チャンスも集まり来る。それは将に無限である。これが若い時には分からない。若い頃から直情径行《ちょくじょうけいこう》型の私など、負けたとなれば、何度、奈落《ならく》の底へ落ち込んだことか。時には、「こんなこともできないような男なら、生きる価値なし。死ぬか」とまで真剣に考えたこともある。後で、母から、「あの時、心配の余りお父ちゃんに相談したんよ。そうしたら、お父ちゃんは、『こんなことで死ぬような雅昭なら死なせてやれ』と取り合ってもくれなかった」と聞いた。今思えば、未熟だった。

一体に、我々日本人は戦闘には強いが、戦略には弱いといわれる。よって、勝ち戦には実力以上の力を発揮する。しかし、一旦、状況が悪化すると浮き足立ってしまう傾向がある。親父等の大東亜戦争である。しかし、アングロサクソンはちがう。米国・英国のあの粘りである。二枚腰どころではない。何と見事《みごと》な「敵」であったことか。これに学べと、多くの方々から何度教えられたことか。今では両国共に、頼もしき「友」というべきか。

最終目的を忘れず、何があってもへこたれない。ただ前進！　これのみである。

六十四　準備に準備を

天下国家《てんかこっか》の御事《おんこと》は中々《なかなか》一朝一夕《いっちょういっせき》に参《まい》るものに之《こ》れなく、積年《せきねん》の至誠《しせい》積《つ》みにつみての上《うえ》ならでは達《たっ》するものに御座《ござ》なく候《そうろう》。

安政《あんせい》四（一八五七）年八月二十八日「吉田栄太郎宛《よしだえいたろうあて》」

天下国家の重要事は、わずかな時間でできるものではない。数年間にわたって真心を積みにつみ、準備をするのでなければ、できるものではありません。

【解説】

藤尾秀昭さんの『小さな人生論』（致知出版社、平成十五年）に「プロの条件」なる一節がある。曰《いわ》く。「『準備をする』。プロは『絶対に成功する』という責任を自分に課している。絶対に成功するためには徹底して準備をする。準備に準備を重ねる。自分を鍛えに鍛える。そうして勝負の場に臨むから、プロは成功するのである。アマは準備らしい準備をほとんどせず、まあ、うまくいけば勝てるだろうと、安易な気持ちで勝負に臨む。この差が勝敗の差となって表れてくるのである。表現を変えれば、プロは寝てもさめても考えている人である。起きている時間だけではない。寝ても夢の中にまで出てくる。それがプロである。少しは考えるが、すぐに他のことに気をとられて忘れてしまうのがアマの通弊《つうへい》である」と。

私など、この教えに、どれ程、励まされてきたことか。

我々凡愚《ぼんぐ》など、「天下国家《てんかこっか》の御事《おんこと》」どころではない。毎日の仕事。これとて、「中々《なかなか》一朝一夕《いっちょういっせき》に参《まい》る」ものではない。「至誠《しせい》積みにつみて」、これである。

六十五　忿《いかり》と欲

忿《いかり》を懲《こ》らすと慾《よく》を窒《ふさ》ぐと、英雄《えいゆう》の雙工夫《そうくふう》。慾《よく》を窒《ふさ》ぐは猶《な》ほ（お）容易《ようい》、殊《こと》に忿《いかり》を懲《こ》らすに於《おい》て輸《やぶ》る。

安政《あんせい》六（一八五九）年二月上旬「己未文稿《きびぶんこう》」

怒りを抑えることと情欲に迷わないことの二つは英雄の工夫すべきものである。情欲を封じ込めるのはまだ簡単である。特に怒りを抑えることに失敗する。

【解説】

怒りと欲、共に人生の「みちづれ」ということか。こいつら、頼みもしないのに、いつもいつも側にいる。とりわけ、若い時分は毎日のように腹が立った。皆、そうである。だから、何も気にするな。今思えば、世間知らずの悲憤慷慨《ひふんこうがい》だったか。それとも、自分に自信がなかった故《ゆえ》か。多分、両方だったのか。

それが、いつの頃からか、徐々に怒るということが少なくなってきた。研究の現状と残された時間を考えれば、美空ひばりさんの「柔《やわら》」の一節、「馬鹿を相手の時じゃない、行くも住《とま》るも座るもふすも、柔ひとすじ」という教えが少しは分かってきたということか。「柔ひとすじ」といえば、すぐ浮かぶ顔が。福岡県立嘉穂高校の同志小茂田敦先生、男の中の男である。私も、昔なら怒るような話でも、今は、「まあ、そんなこともある」で終わり。さりとて、自信など、まだまだ遙か遠い雲の果てだが。

一方、欲、これはなかなか絶交してくれない。気を許せば、にっこりと、顔を出す。「慾《よく》を窒《ふさ》ぐは猶《な(お)》ほ容易《ようい》、殊《こと》に忿《いかり》を懲《こ》らすに於《お》いて輸《やぶ》る」との一節に、松陰の若さを感じる。寂しいことではある。これも人がみな通る道ということか。

六十六　天

黄《こう》霧《む》四《し》塞《そく》すと雖《いえど》も、上《うえ》に蒼《そう》天《てん》なきに非《あら》ず。

安政《あんせい》二（一八五五）年「長井《ながい》順正《じゅんせい》を憶《おも（う）》ふあり」

周囲の事情で大志が閉ざされたとしても、天の助けがないことはない。

【解説】

最後は「蒼天《そうてん》」、これは間違いない。最後の最後は祈りなる所以《ゆえん》である。『孟子《もうし》』公孫丑下《こうそんちゅうげ》首章に「道《みち》を得《え》たる者《もの》は助《たす》け多《おお》く、道《みち》を失《うしな(え)》へる者《もの》は助《たす》け寡《すくな》し（正しい仁義の道を行っている者は自然と助けが多く、仁義の道を失った者は助けが少ない）」とある。とすれば、「道を得たる者」が条件か。ケセラセラと、適当に送る人生に、天の助けなどない。ところが、そんな私でも天の助けがあった。天も時には相手を間違えるということか。

もう手がないという状況に陥った時のことである。思いもかけず、色々な方が救いの手を差し伸べてくださった。

今思っても、なんであの時、あんなところで、あんな方と出会ったのだろうかと思う。ところが、そんな方々の中には、それだけで、さっと消えていかれた方もある。あれはきっと天が差し向けてくださったのだと、今も心の中で感謝している。これも人生の不思議か。

人は決して孤独ではない。真摯に生きる人間には、天がずっと共にある。

六十七　恐るべきは「嫉妬私心」

士大夫《したいふ》の嫉妬私心《しっとししん》ほど畏《おそ》るべき夷狄《いてき》は之《こ》れなく候《そうろう》

安政《あんせい》二（一八五五）年九月以降「桂小五郎宛《かつらこごろうあて》」

立派な、高潔な男子でもついおこしてしまう嫉妬心や、自分ひとりだけの利益をはかろうとする気持ちほど、恐れなければならない敵はありません。

【解説】

嫉妬と私心。どちらが怖いかと問われれば、私は嫉妬と思う。理由は簡単、これが時にあなたの人生にいわれなき障害となるからである。

『孟子《もうし》』離婁下《りろうげ》十七章にも、「言《げん》に実《じつ》の不祥《ふしょう》なし。不祥《ふしょう》の実《じつ》は、賢《けん》を蔽《おお(う)》ふ者《もの》之《こ》れに当《あた》る（世間には不吉らしく聞こえる言葉というものがあるが、よく考えてみると、それほど不吉というものではない。ただ、不吉な言葉というものがあるとすれば、それは、賢者《けんじゃ》をねたんでおとしいれるために真実を曲げてその人のことを悪くいう讒言《ざんげん》、これこそ将にそれである）」とある。

嫉妬、この主因は自分に自信がないからである。まずは、あなたが、そんな寂しい男とならないよう、昼夜を問わず、為《な》すべきことに全身全霊を注ぎ込もう。自信はそこに自ずから生まれる。

人生も車の運転も同様か。一瞬も「だろう運転」をせず、目配り、気配り。これも、大志ある者故《ゆえ》の宿命か。人生とは何と辛い。

六十八　ほどほどに

易《えき》の道《みち》は満《まん》盈《えい》と申《もう》す事《こと》を大《おお》いにきらふ《(う)》なり

安政《あんせい》六（一八五九）年四月十三日「妹《いもうと》千代《ちよ》宛《あて》」

易では満ち足りるということを大変嫌う。

【解説】

これなど、さしずめ、「人生、べからず訓」の筆頭に明記すべき教えか。猪突猛進《ちょとつもうしん》型の私には、若い頃、これがなかなか理解できなかった。

ところが、「武経七書《ぶけいしちしょ》」の筆頭『孫子《そんし》』「軍争篇《ぐんそうへん》」にも、「囲師《いし》には必《かなら》ず闕《か》き、窮寇《きゅうこう》には迫《せま》ることとなかれ（敵を包囲したら、必ず逃げ道を開けておき、窮地に追い込んだ敵には攻撃をしかけるな）」とある。戦闘においても、勝ちすぎは禁止ということか。

「竹林《ちくりん》」ならず、人間社会に生きる我々には、望むと望まざるとにかかわらず、時に、他者と競わねばならないことがある。そんな時は、パーフェクトな勝ちなど願わず、この、ほどほどで行こう。「窮《きゅう》鼠《そ》猫《ねこ》を嚙《か》む（追い詰められた鼠が猫に嚙みつくように、弱者も逃げられない窮地に追い込まれれば強者に必死の反撃をしてくる）」ともいう。「武士の情け」も時には大切ということか。

学問・仕事は徹底的に。人生はほどほどに、これか。

今となれば、詫びねばならない教え子の、何と多いことか。否、全員か。

六十九　無丁《むてい》の野漢《やかん》

大抵文辞《たいていぶんじ》ある人《ひと》は言語信《げんごしん》じ難《がた》し。無丁《むてい》の野《や》漢《かん》、是《こ》れ僕《ぼく》の此《こ》の人《ひと》を取《と》る所以《ゆえん》なり。

安政《あんせい》六（一八五九）年正月元旦《がんたん》「子遠《しえん》に与《あた（う）》ふ」

大体、学問をし、得意になっている人の言葉は信じられるものではない。学問はなくても、あるがままに誠実、これが僕がこの人を信用する理由である。

【解説】

「此《こ》の人《ひと》」とは、野山獄《のやまごく》で松陰に師事した番人孫助をさす。ここに、私は松陰という人の本質を見る。本当のまごころ、やさしさを感じる。

また、安政三（一八五六）年、松陰が「先師《せんし》」と敬慕《けいぼ》した山鹿素行の『武教全書』を講義した際の講義ノートである『武教全書講録』には、「凡《およ》そ生《せい》を天地間《てんちかん》に稟《う》くる者《もの》、貴《き》となく賤《せん》となく、男《おとこ》となく女《おんな》となく、一人《ひとり》の逸居《いっきょ》すべきなく、一人《ひとり》の教《おしえ》なかるべきなし。然《しか》る後初《のちはじ》めて古道《こどう》に合《かな(う)》ふと云《い(う)》ふべし（この世の中に人として生まれた者は、身分、性別にかかわらず、一人として怠けて気ままにしているべきではなく、また、一人として教えないでいいというものはない。こうして初めて昔からの正しい教えに及ぶというべきである）」との教えもある。今の時代ではない。幕末のことである。

これに比し、学歴・肩書・地位・お金の類を鵜《う》の目鷹《たか》の目でひたすらに追い求めている、今の我々の心はどうか。そんな心で送る人生に、しみじみとした人間同士の心の触れあい、喜びがあるか。

孫助への目配り、気配り。この背景にあったのは、生涯言葉が不自由だった弟敏三《としさぶ》郎《ろう》の存在もあろう。勿論、その基底にあったのは松陰、敏三郎らを育てた母瀧《たき》の存在である。その母瀧故か、杉家、とりわけ、松陰兄弟には、暗さなど微塵《みじん》もない。杉家一家は互いに慈愛に溢れ、皆、それぞれの生き方に自信をもっていた。

こんな松陰の強さ、本当の人間としてのやさしさに学びたい。

七十　できないのではない、やらないのである

能《あた》は《（わ）》ざるに非《あら》ざるなり、為《な》さざるなり。

安政《あんせい》二（一八五五）年六月二十七日「講孟箚記《こうもうさっき》」

できないのではない、やらないのである。

【解説】

『孟子《もうし》』梁恵王上《りょうけいおうじょう》七章には、「為《な》さざるなり、能《あた(わ)》はざるに非《あら》ざるなり（やらないのである、できないのではない）」とある。松陰はこれを逆にしている。私には松陰の語順で、心にすっと入る。

最後に、本書執筆の裏話を。これは題名案をお聞きし、即座にお受けした。否《いな》、私自身のために書きたいと思った。ところが、途中、計画が前倒しとなり、突然、「二週間くらいで書けませんか」との連絡が旅先に。「これも俺に勉強せえという天命か」と即、受諾。本当は不安だった。できないかもしれないなと思うと、すぐ頭に浮かんだのは、いい訳だった。何と二流品か、俺は。

急遽帰宅して、即、戦闘開始！　松陰の名辞選択に二日、執筆は七日、計九日でまとめた。おかげさまで、六十三歳の体力・気力を再確認できた。

松陰の「能《あた(わ)》はざるに非《あら》ざるなり、為《な》さざるなり」を改めて「体認」させていただいた九日間であった。天は本当によう観ておられる。天が致知出版社の藤尾秀昭社長を通じ、私を鍛えてくださった。感謝して擱筆《かくひつ》する。

あとがき

本書は題して、「吉田松陰修養訓」という。私が人様に対して、そんなものを書けるようなレベルにない男であることは、六十三年も「私」と付き合ってきた、この私が一番承知している。よって、本書は四十余年も松陰に学んでも、まだ、こんな男でしかない私が「私」に書いた反省文。また、残された「私」の余生に向けての叱咤《しった》激励書である。全て本気で書いた。

さて、擱筆《かくひつ》後、私は、十八歳で吉田松陰研究を志して以来、これまでの四十余年間、松陰に何を学んできたのだろうか、と自問した。

流石《さすが》に、これまで人生を学んで来た松陰の多くの名辞は自ずと胸にある。それらは今も、つい俗流に流れそうな私を叱咤してくれている。しかし、得た答えはそれではない。

日本人としての矜持《きょうじ》ある生き方、これである。あの「死而後已《ししてのちやむ》」という教えを、将《まさ》に具現化した松陰の生き方、これである。これに最も学んだ。今後も生涯学び続けたい。

若い頃は、安政二（一八五五）年二月十九日、松陰が畏友《いゆう》久保清太郎にあてた書中に、同志梅田源二郎のことを、「是《こ》れは靖献遺言《せいけんいげん》にて固《かた》めたる男《おとこ》」と評した一文に憧れた。そして、「俺もいずれはこんな男になる」と、心中秘かに決意した。瀬戸内の海に映る月にさえ感激し、「いつかあの月からも見える男になる」と青春の夢に酔っていた、今となれば、もう帰ることのできない遠い世界である。将に、幕末の志士きどり、未熟であった。反省。猛省。

あれから四十余年、「吉田松陰で固めた男」と呼ばれたことなどたえてなく、これが、どれ程難しいことであるかが分かる歳となった。今の志はといえば、本当の松陰という青年を知りたい、これのみである。さて、今世《こんせ》でたどり着けるものやら。ダメなら来世も必ずやる。

「ゆめ、段階《しな》を超《こ》えて、まだきに高《たか》きところを、なのぞみそ（けっして、物事の順序を〔踏まずに〕飛び越えて、まだその段階でもないのに、高い段階の学問をお望みになってはいけませんよ）」とは、賀茂真淵《かものまぶち》が若き本居宣長《もとおりのりなが》の学問態度を叱った、『玉勝間《たまかつま》』の名辞である。

人生も全く一緒か。よって、自分の意志で、今ある場所からまず一歩を踏み出す。これしかない。ここからしか人生も研究も拓《ひら》けない。後は、死んでも継続し続けることである。

本書が、これからの人生を更にアウフヘーベン（Aufheben ＝ 止揚《しよう》）せねばと覚悟されている方々の心に、何らかの安心・希望を提供できれば、これに勝る喜びはない。

最後に、私のような者に、執筆をお勧めくださった致知出版社の藤尾秀昭社長、柳澤まり子副社長、また、作業中、御指導・御協力をいただいた方々に、心からお礼申し上げる。その中でも、とりわけ、山口県立山口高等学校時代の教え子で、大学、大学院のゼミの自慢の後輩でもある烏田直哉君（現東海学園大学准教授）には御礼の言葉もない。職務多忙な中、将に昼夜を問わず「伴走」してくれた。研究者としての彼の成長に感動したし、教職の末席を汚す者の喜びも改めて教えてもらった。
この度の執筆、私の研究にも大変勉強になった。本書を、今の「私」と共に、包み隠さず、恩師上田孝治先生、井上久雄先生の墓前に御報告したい。

平成二十八年六月念一日

人間環境大学　川口雅昭

主要参考文献

山口県教育会編『吉田松陰全集』岩波書店、昭和十年
山口県教育会編『吉田松陰全集』岩波書店、昭和十五年
山口県教育会編『吉田松陰全集』大和書房、昭和四十七年
廣瀬豊『山鹿素行全集』岩波書店、昭和十七年
国民精神文化研究所『山鹿素行集』目黒書店、昭和十八年
廣瀬豊『山鹿素行兵学全集四巻武教全書講義上』教材社、昭和十九年
宇野精一『新釈孟子全講』学燈社、昭和三十六年
近藤啓吾『講孟劄記（上）講談社学術文庫４４２』講談社、昭和五十四年
近藤啓吾『講孟劄記（下）講談社学術文庫４４３』講談社、昭和五十五年
宇野哲人『論語新釈　講談社学術文庫４５１』講談社、昭和六十一年
藤尾秀昭『小さな人生論』致知出版社、平成十五年
井上久雄著・川口雅昭編訳『大教育者のことば』致知出版社、平成十九年
川口雅昭訳注『吉田松陰　武教全書講録』K&Kプレス、平成二十六年
川口雅昭『吉田松陰の女子訓』致知出版社、平成二十七年

〈著者略歴〉

川口雅昭（かわぐち・まさあき）

昭和28年山口県生まれ。53年広島大学大学院教育学研究科博士課程前期修了。山口県立高校教諭、山口県史編さん室専門研究員などを経て、平成10年岡崎学園国際短期大学教授。12年より人間環境大学教授、現在に至る。吉田松陰研究は18歳の頃より携わる。編書に『吉田松陰一日一言』『「孟子」一日一言』、著書に『吉田松陰四字熟語遺訓』『吉田松陰名語録 人間を磨く百三十の名言』『吉田松陰』『吉田松陰に学ぶ男の磨き方』『吉田松陰の女子訓』（いずれも致知出版社）などがある。

004 活学新書 吉田松陰修養訓

平成二十八年七月二十五日第一刷発行

著者 川口 雅昭

発行者 藤尾 秀昭

発行所 致知出版社

〒150-0001 東京都渋谷区神宮前四の二十四の九

TEL（〇三）三七九六―二一一一

印刷・製本 中央精版印刷

落丁・乱丁はお取替え致します。

（検印廃止）

ISBN978-4-8009-1117-9 C0095

ホームページ http://www.chichi.co.jp

Eメール books@chichi.co.jp